Konrad Gallei – Axel Thorer

OST-GRÖNLAND

Kajakreise in das Land der Menschen

Nordpol
Nordpolarmeer
Spitzbergen
Kanada
Grönland
Norwegen
Island
Labrador

Konrad Gallei – Axel Thorer

OST-GRÖNLAND

Kajakreise in das Land der Menschen

Badenia Verlag

Als Frau an seiner Seite

Da hat eine ganz normale deutsche Grafik-Designerin 25 Jahre lang ein nützliches, aber unauffälliges Leben geführt. Ist noch nie in der Arktis gewesen, und verläßt plötzlich das kleine Häuschen mit Garten und Obstbäumen, um wochenlang in einem Kajak die Ostküste Grönlands entlangzupaddeln.

Eisberge statt Obstbäume, Wildnis statt Zivilisation. Rätselhaft? Nein. Denn nur wer die Liebe nicht kennt, wundert sich...

Gabriele Kohler-Gallei, Ehefrau. Das kleingewachsene Persönchen mit den langen schwarzen Haaren sagt: „Das Leben mit meinem Mann ist nie langweilig, sehr anstrengend und recht seltsam."

Und furchterregend. Denn natürlich zittert die Gaby, wenn ihr Konrad auf Schneeschuhen, Ski, in Booten und Flugzeugen, oder hinter Hundeschlitten unterwegs ist in Gegenden unserer Erde, in denen die Füchse den Eskimos gute Nacht sagen. „Ich habe gut drei Jahre gebraucht", gesteht Gabriele Kohler-Gallei, „bis ich mich an meinen Mann gewöhnt hatte. Denn er leidet in der Wärme und taut um den Gefrierpunkt auf."

Jetzt hat sie sich an ihn gewöhnt, aber die Angst ist geblieben: „Diese weiße Welt mit ihren Schneemassen, den unwirtlichen Gletschern und der beißenden Kälte ist dem normalen Menschen doch zu fremd!"

Aber sie wollte sich selbst „nicht aufgeben“. Es packte sie, „sich als Frau an der Seite eines solchen Mannes zu verwirklichen“. Sie schaffte das auch „durch unbedingtes Vertrauen in seine Fähigkeiten – denn da draußen in der Kälte weiß er alles, kann er alles. Ich lernte, mich an seiner Seite geborgen zu fühlen, auch bei 40 Grad unter Null und in einem Faltboot zwischen Eisbergen“.

Etwas Seltsames geschah dabei: „Ich gewöhnte mich an diese Kälte. Ich begriff, daß man sich auch noch bei 60 Grad minus mollig warm halten kann. Wenn man weiß, wie. Die Eskimos tun das seit Jahrhunderten. Warum nicht ich?“

Gabriele Kohler-Gallei, die als Bildjournalist in einem gut geheizten Archiv arbeitet und nie einen richtig strengen Winter kennengelernt hatte, zog los mit ihrem Konrad. Nach Grönland, zum kältesten Punkt Europas, der Hardanger Vidda in Süd-Norwegen (worüber Konrad Gallei in diesem Verlag ein vielbeachtetes Buch geschrieben hat) und nach Nordkanada, zum Yukon-River, wo die Galleis sich ein Blockhaus bauten in der Einsamkeit.

Sie würde „heute überall hingehen mit ihm. Auch zum Südpol“. Aber das geht im Moment noch nicht, da sie für den „geregelten Lebensunterhalt“ sorgt. Deshalb müssen die Galleis auch noch auf Kinder verzichten.

Manchmal erscheint es der Gabriele so, als sei sie in der Millionenstadt Berlin noch einsamer als ihr Konrad, wenn er „da draußen“ lebt in Tage dauernden Schneestürmen und Temperaturen bis zu 61 Grad unter Null. „Aber dann kommt er heim, abgemagert bis zum Skelett und mit verfilzten Haaren, und erzählt und erzählt, und ich kann stundenlang zuhören“, sagt sie.

Gibt es ein Rezept im Umgang mit solchen Menschen, die gewisse Abschnitte jeden Jahres verbringen wie einsame Wölfe?

„Man muß neugierig bleiben, um an einem solchen Leben teilzunehmen. Man kann seinen Sinn für Abwechslung pflegen und die Angst bekämpfen durch Liebe. Und, sehr wichtig, man muß sich das, was der Mann macht, immer auch selbst zutrauen und im Zweifelsfall auch machen.“

Liebe ist ...

„Manchmal denke ich mir“, grübelt Gabriele Kohler-Gallei, „wieso ich ausgerechnet mit dem verheiratet bin. Warum nicht, wie alle anderen Frauen, mit einem ganz normalen Mann? Das Leben mit einem solchen Kältespezialisten ist eine schwierige Sache, denn in gewisser Weise sind diese extremen Männer ja nicht normal. Auch mein Konrad nicht“.

Was sich, zum Beispiel, darin zeigt, daß er an einem milden Herbstabend aufsteht und fröstelnd ins Haus geht, wenn das Thermometer gerade mal

16 Grad zeigt. Aber mitten im Winter, wenn selbst in Süd-Berlin Temperaturen unter 0 Grad herrschen, das Schlafzimmerfenster weit aufreißt...

Die Frage ist, wie ein *Mann* auf die Idee kommt, eine Frau mitzunehmen. Und die Frage beantwortet Konrad Gallei so: „Grönland war seit meiner Jugend das wichtigste Ziel für mich. Eines Tages entdeckte ich ein Buch mit dem Titel: ‚Kuneboot-Expedition.‘ Auf Deutsch heißt das: ‚Frauenboot-Expedition.‘ Als ich darin blätterte, stellte ich fest, daß ein Mann namens Gustav Holm im Jahre 1884 mit einer fünfzigköpfigen Mannschaft an der Ostküste Grönlands entlanggefahren war und – daß zwei Drittel dieser Mannschaft von Frauen gestellt wurden! Holms Reise war ein Erfolg gewesen und ich beschloß, eine sehr ähnliche Tour, in weit kleinerem Rahmen natürlich, ebenfalls in weiblicher Begleitung durchzuführen. Die Frage war nur, woher eine geeignete Frau nehmen? Da lernte ich eines Tages ein Mädchen kennen, das mir sehr gut gefiel, meine spätere Ehefrau Gabriele, und ich machte ihr nach einigen Wochen der Bekanntschaft den Vorschlag, mich nach Ostgrönland zu begleiten. Im Kajak. Tausend Kilometer lang. Ich gestand ihr auch, daß unser Unternehmen ein bißchen verrückt war, weil auch ich noch nie in einem Faltboot gesessen hatte.“

„Sie brauchte etwa drei Wochen für ihre Zusage, dann kündigte sie ihren Job und wir hatten sechs Monate Zeit, uns auf die Expedition vorzubereiten. Wir mußten jetzt nicht nur das Kajakfahren üben, sondern auch das Bogenschießen, weil wir nur die gleichen Jagdwaffen benützen wollten wie jener dänische Marineoffizier Gustav Holm im Jahre 1884. Um wie er Tiere zu erlegen, ohne Geräusche zu produzieren. Wenn wir dazu gezwungen waren. Ein Gewehrschuß hätte die Tiere jedoch vertrieben, die wir eigentlich mit der Kamera ablichten und mit dem Tonbandgerät aufnehmen wollten.“

Gabriele Kohler-Gallei erinnert sich an den merkwürdigen Antrag des „Kältemenschen“ so:

„Als mich Konrad fragte, ob ich an so einer Expedition interessiert wäre, habe ich dankend abgewunken. Mir kam die Frage sogar lächerlich vor, weil ich mehr ein Typ bin, der den Süden liebt, der sich in der Wärme an einem Sandstrand wohl fühlt. Der sich lieber auszieht in der Sonne als einmummelt gegen die Kälte. Aber mir ging die Idee nicht aus dem Kopf. Schließlich hat sie mich gepackt, ich kündigte und wir begannen mit den Vorbereitungen.“

Gabriele Kohler-Gallei wurde sich lange Zeit nicht klar darüber, was ihren Sinneswandel herbeigeführt hatte. Warum sie sich, bei vollem beruflichem und privatem Risiko, in ein solches Abenteuer eingelassen hatte. Schließlich erkannte sie:

„Ich bekam die Möglichkeit, die fast einmalige Chance, an einer richtigen Expedition teilzunehmen, und zwar an der Seite eines Mannes, der mir nicht unsympathisch war, andererseits jahrelange Erfahrung besaß und deshalb das Risiko für mich geringer halten konnte. Das zweite Argument war, daß ich endlich 'mal die Möglichkeit bekam, mich selbst körperlich zu erfahren, sportlich zu bestätigen. Ich wollte endlich wissen, wie ich – eine Frau – so ein Unternehmen psychisch und physisch durchstehe."
Jeder erfahrene Expeditionsleiter würde normalerweise einen männlichen Partner wählen. Aber Konrad Gallei ließ sich neben dem Wunsch, wie Gustav Holm auf die Reise zu gehen, noch von einem sehr persönlichen Argument leiten:
„Ich ahnte, daß mir eine Frau in gefährlichen Situationen einen größeren Halt geben würde. Nicht jeder Mann ist in der Lage, seinen Charakter und seine Erfahrungen in Risikomomenten geradlinig aufrechtzuhalten bzw. anzuwenden. Da hilft es einen Grund zu haben, ‚männliche Stärke' beweisen zu können. Ein Mann, das wußte ich von meinen früheren Expeditionen, neigt leicht zur Verzweiflung. Und ich glaube, daß dann ein weiblicher Partner besser ist als ein männlicher."
„Ein anderes wichtiges Moment ist die Leistungskraft einer Frau, die – langfristig – höher zu bewerten ist als die eines Mannes. Ein Mann kann einen Zweizentner-Sack anheben, sich aufladen und wegtragen. Eine Frau nicht. Aber wenn es darauf ankommt, über viele Monate hinweg immer die gleiche Energie zu bringen, ist die Leistung von Männern schwankender als die von Frauen. Das hat Gabriele auf der Kajak-Fahrt entlang der Ostküste Grönlands bewiesen und ich bin ihr dankbar dafür."

Seite 1: Sonnenaufgang in Angmagsalik.

Seite 4: Eine mutige Frau. Gabriele Kohler-Gallei wagte das Abenteuer und stand als zuverlässige, ausdauernde Partnerin bei allen Problemen „ihre" Frau.

Seiten 6/7: Der Angmagsalik-Fjord im Hochsommer.

Seite 9: 300 Kilo wog unser Gepäck, das wir im Hafen von Angmagsalik ausluden. Wir waren zuversichtlich und freuten uns auf unser Abenteuer, den Spuren Gustav Holms zu folgen, der 1884 auf seiner „Frauenboot-Expedition" Angmagsalik entdeckte.

Seite 11: Unsere Reise sollte uns von Angmagsalik um die Südspitze Grönlands bis nach Nanortalik führen. In Patsaik aber wurden wir durch einen mehrtägigen Sturm an der Weiterfahrt gehindert, so daß wir später als geplant – erst Anfang Oktober – Tingmiarmiut erreichten. Das sich zu diesem Zeitpunkt bereits rasch verdichtende Treibeis machte ein Fortsetzen der Reise unmöglich.

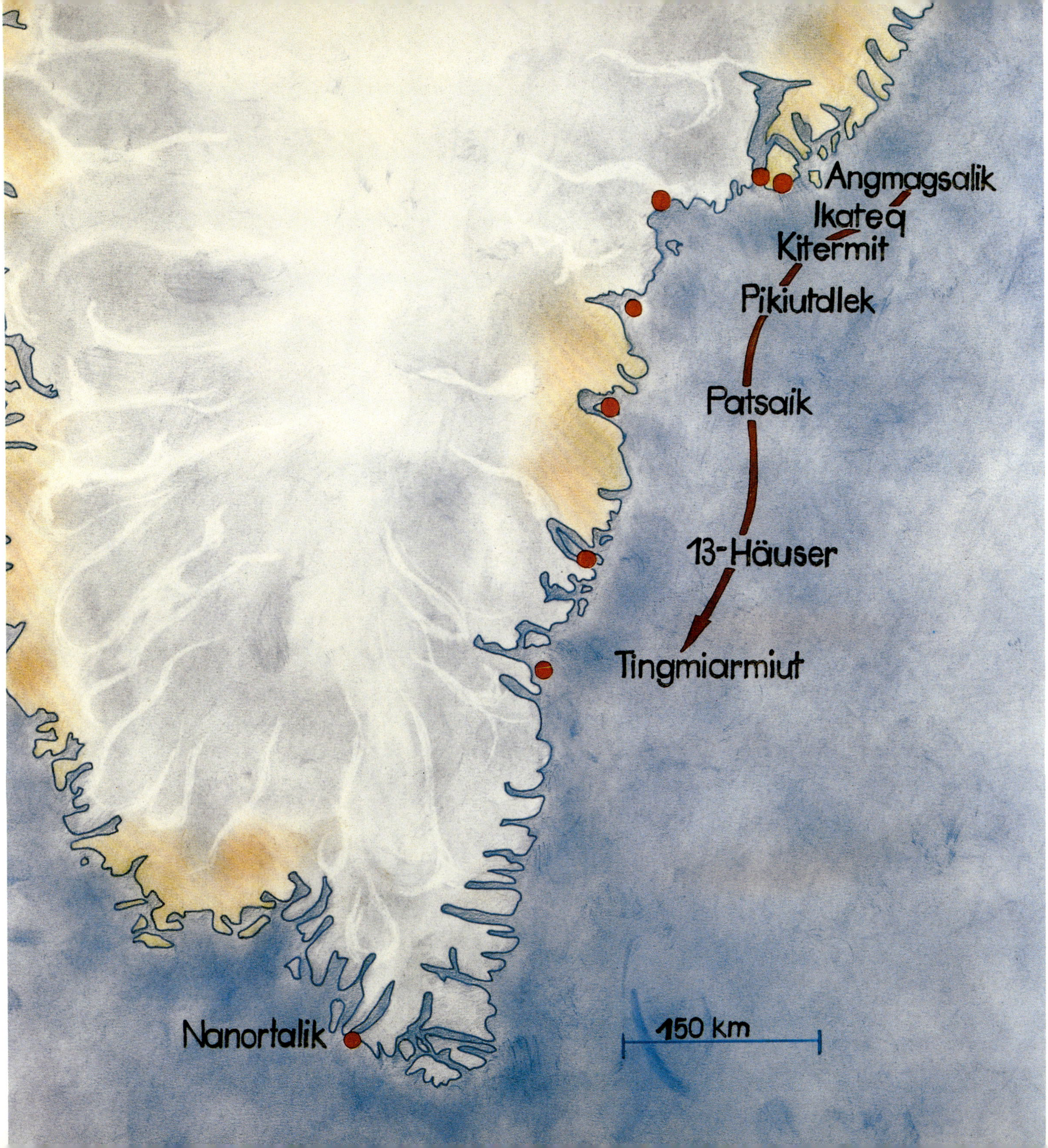
Angmagsalik
Ikateq
Kitermit
Pikiutdlek
Patsaik
13-Häuser
Tingmiarmiut
Nanortalik
150 km

Eine Reise in das Land der „Menschen“

Wir fuhren am 26. Juli* los, von Angmagsalik in Richtung Ikateq. Das sind im Kajak nur etwa 30 Kilometer in westlicher Richtung, aber uns begegnete das erste Packeis, das in dichten Klumpen vorbeitrieb. Erst in der Nacht erreichten wir Ikateq, das in einer kleinen Bucht liegt, und an deren Ufer stand ein älterer Mann und begrüßte uns.

Von ihm erfuhren wir, daß der Ort so etwa 30 Einwohner hat, die Jagd wird noch intensiv betrieben und es gibt einen „KGH“, einen „Königlich-Grönländischen Handel“. Das ist eine Holzbaracke von vier Meter Länge und acht Meter Breite, in der die notwendigen Dinge für den täglichen arktischen Bedarf erworben werden können: Lebensmittel, Patronen, Gummistiefel, Regenkleidung, Petroleum für die Lampen und Benzin für die Außenbordmotoren. Wir begegneten diesen Holzbaracken noch häufig auf unserer Reise.

Irgendeiner hat immer den Schlüssel. Man muß ihn nur finden. Denn die offiziellen Öffnungszeiten des „KGH“ unterliegen der Willkür des Schlüsselbesitzers. Aber hat der sich entschlossen, die Hütte zu öffnen, zwängt sich der ganze Ort durch die schmale Tür – zu jeder beliebigen Tages- und Nachtzeit, ob jung oder alt. Der „KGH“ ist der Marktplatz Grönlands.

Unser Kalender sagt, daß es Freitag, der 29., ist. Wir sind gestern um 19 Uhr auf einer kleinen Insel angekommen und benötigten drei Stunden, bis das Lager stand. Am Morgen entdecken wir, daß es nur eine Halbinsel ist. Sie heißt Kitermit und besitzt in einer windgeschützten Ecke eine alte Eskimo-Ruine. Die Seitenmauern stehen noch, aber das Dach ist eingestürzt. Ein Torbogen, zwei Quader senkrecht, ein dritter Quader waagerecht darüber, ist erkennbar und innen sind die Sitzplatten noch vorhanden. Geschickt haben die Erbauer des Hauses den Zugang schräg von unten nach oben angelegt. Wir erkunden die Halbinsel zu Fuß, um unsere Beine zu trainieren, da im Kajak ja vor allem die Arme gefordert werden. Plötzlich stoßen wir auf einen scheinbar wirr aufgehäuften Steinhügel mit einer Öffnung oben. Es ist ein Vorratslager für Holz. Im Winter liegt eine Steinplatte über der Öffnung, und wenn rundherum alles beinhart gefroren ist, hebt man diesen Deckel ab und holt das Holz heraus. Wir lernen daraus, daß es große Kälte geben muß an dieser Stelle. Der nächste Steinhaufen, den wir fanden, sah ähnlich aus, besaß aber noch seinen Deckel. Wir hoben ihn ab – und starrten in ein gähnendes Gebiß unter einem weiß ausgebleichten Schädel. Wir hatten ein Grab entdeckt, das bei näherem Hinschauen zwei weitere Skelette enthielt. Kitermit mußte, von der Anzahl der Toten und der

---

* 1978

Größe der Ruine ausgehend, eine bis drei Familien beherbergt haben – oder ebenso viele Generationen einer Familie.
Ein fast idealer Wohnort: die Ruine liegt leicht erhöht und ist von zwei Süßwasserseen umgeben. In den Felsen erkennen wir vom Wasser ausgespülte Mulden, in denen Mooskissen wachsen. Nebenan stehen Wollgras und Ried, das aussieht wie Miniaturausgaben unserer heimischen Schilfkolben.
Von unserem Lagerplatz blicken wir über einen Meeresarm und auf einen Gletscher, der sich ins Wasser zu stürzen scheint. Er dürfte 30 bis 40 Kilometer entfernt sein, aber das Auge überbrückt große Distanzen in der klaren, ungetrübten Luft Grönlands leichter. Aus der Entfernung erkennen wir, daß seine Abbruchfront dann etwa 20 Kilometer breit sein dürfte.
Da Holz vorhanden ist, benützen wir es zum Feuermachen und sparen dadurch mindestens einen Viertelliter Spiritus. Das hatten wir uns vorgenommen für jene Tage, an denen es nicht regnet und Treibholz herumliegt. Säge, Waidblatt und ein kleines Messer für Späne haben wir dabei, und natürlich auch Streichhölzer.
Ein zweiter Rundgang führt uns auf einen Hügel und hier liegt ein riesiges Grab von eineinhalb Meter Breite und drei Meter Länge. Innen sieht es aus wie ein Kasten, da Platten senkrecht gegen die Wände gestellt wurden und ähnliche Platten benützten die Erbauer, um das Grab, das auf einem Hang liegt, außen abzustützen. Ein flacher Stein, einer Tischplatte ähnlich, liegt obenauf wie ein Sargdeckel und schützte die Bestatteten vor Raubtieren.
Als wir die 30 bis 40 Kilo schwere Deckplatte abheben, erwartet uns eine Überraschung: vier Personen ruhen in zwei Kammern, wir finden Grabbeigaben und eine Mordwaffe, einen Steinkeil, der genau hineinpaßt in das Loch, das einen der Schädel verunstaltet.

*

Wir spüren, daß es allmählich Herbst wird, was bedrohlich ist, weil wir immer noch 900 Kilometer vor uns haben. Am Nachmittag sind wir gestern von Kitermit los, haben einen Fjord überquert und saßen schlecht im Boot, weil unser Sitzfleisch allmählich mürbe wurde. Also steuerten wir den Kitak-Fjord an, an dem nach der Landkarte eine Hütte mit dem schönen Namen Nassarte stehen sollte. Es war, für grönländische Verhältnisse, ein neueres Gebäude. Höchstens zehn Jahre alt, und wir entschlossen uns zu einem nicht geplanten Zwischenstopp. Obwohl der Strand aus gefährlich spitzen Steinen bestand, die ein befestigtes Boot aufreißen konnten. Aber wir mußten uns erholen.

Gegenpol zum scheinbar eintönigen Weiß der vom Eis beherrschten Insel ist die Festtracht der Grönländer, die überschwenglich bunt wie ein liebevoll gepflückter Blumenstrauß in der Landschaft leuchtet. Den kunstvoll gefertigten Glasperlenkragen durften nach alter Sitte nur die unverheirateten Mädchen tragen, während sich die verheirateten Grönländerinnen auf die farbigen Blusen beschränken mußten. Zur Festtracht gehören außerdem Hosen aus Seehundsfell und als Schuhwerk „Kamikken". Die Frauen tragen feine, weiße, lederne Stiefel mit bunten Applikationen, wohingegen die Kamikken der Männer schwarz in der Farbe und schlicht gearbeitet sind.

Die traditionelle Kleidung der Inuit, die sie im Alltag trugen, war perfekt auf die eisigen klimatischen Verhältnisse ausgerichtet. Nicht umsonst haben sich auch bei uns in der kälteren Jahreszeit mittlerweile ehemals rein eskimoische Kleidungsstücke wie der Anorak und der Parka durchgesetzt. Die winterliche Grundkleidung bestand aus zwei Lagen Seehundsfellhosen und -jacken. Die Füße wurden warmgehalten von bis zu vier Lagen Strümpfen, Socken und Stiefeln. Diese waren aus dem Fell junger Karibus oder Seehunde gefertigt und innen mit Gras, Walbartenschnitzeln oder Federn ausgelegt.

Erst am Montag, dem 31. Juli, brechen wir wieder auf. Wir wollen nach Erit im engen Ikasartik-Fjord. Der Schreck steckt noch in unseren Gliedern, weil wir den ersten Unfall hatten: wir wollten angeln, versuchten das Boot ins Wasser zu bringen, Gabriele stolperte, rutschte aus und der Bug quetschte ihr den rechten kleinen Zeh. Es tat sehr weh, wie alle nichtssagenden Verletzungen, und außerdem bekamen wir Angst, daß das Boot zu Bruch gehen könnte, wenn so etwas noch einmal geschah.
Wir beschlossen, ab sofort das Boot nicht mehr an Land zu ziehen, sondern einen schweren Stein mit Seil am Heck zu befestigen und es so im Meer zu ankern. Ein zweites Seil spannten wir vom Bug zum Land. Das Boot schwamm jetzt sicher im Wasser.
Im Ikasartik-Fjord versuchten wir, da das Wasser spiegelglatt war, Segel zu setzen. Aber plötzlich kam Wind auf, die Wellen gingen hoch und wir hatten zu kämpfen. Es gelang uns, eine Landzunge anzusteuern und zu entladen. Günstigerweise hatten Grönländer vor uns hier gezeltet, was wir an flachen Steinen erkannten, die sie unter ihr Zelt gelegt hatten, um den nassen Boden zu meiden.
Eigentlich wollen wir nur eine Rast einlegen und dann weiterfahren. Aber Sturm, Regen und Nebel halten uns in Erit fest. Um die miese Stimmung zu heben, bekommt jeder einen Löffel Vitamin C und gebackene Plinsen aus Weißmehl, Salz und Knoblauch.
Auch am nächsten Tag müssen wir in Erit bleiben. Es bläst zu stark und der Regen fällt in Wolkenbrüchen vom Himmel. Morgens um 10 Uhr, wir liegen noch in den Schlafsäcken, tuckert ein Motorboot vorbei. Dann ruckt es irgendwie und ich weiß, daß es gelandet ist. Wenig später höre ich Schritte am Zelt.
Es sind sieben vermummte Männer, die uns staunend anstarren. Sie kommen von einer Wetterstation östlich von Isertoq und sind neugierig auf uns. Ob wir Hilfe brauchen, fragen sie. Ob wir nicht mitkommen wollen zur Wetterstation.
Wir lehnen zuerst ab. Allerdings bräuchten wir ein paar neue Gummistiefel, weil Konrads alte aus Angmagsalik bereits nach knapp sieben Tagen undicht sind. Größe? 42. „Ja die müßten wir auf Lager haben", sagen sie. Die sieben Männer gehen zu ihrem Boot zurück und rufen uns noch zu: „Bis auf heute abend, da bringen wir die Stiefel."
Wir ändern unsere Meinung. Es gibt kaum Aussicht, daß der Regen aufhört und wir weiterfahren können. Da könnten wir ebensogut mit zur Wetterstation und den Männern bei der Arbeit zuschauen. Also haben wir gepackt, als die sieben am Abend gegen 19 Uhr wiederkommen. Schon von weitem

rufen, pfeifen und lachen sie, schwenken die Arme in der Luft und singen. Ein Grönländer sitzt vorne am Bug und läßt seine Beine im eiskalten Wasser baumeln.
Es sind unkomplizierte Typen. Wie alle Männer in diesem Land, in dem man die paar Probleme, die es gibt, löst – und mehr existieren eben nicht. Und wenn, dann heißt es eben „Imaqa“ in der Eskimosprache oder „Konsche“ auf Dänisch: „Mag sein.“ Und wer nicht will, braucht gar nicht zu antworten.
Als sie an Land sind, fragen wir, ob Platz sei für uns beide. Sie nicken. Auch auf dem Boot? Wieder nikken sie. Da laden wir unsere Ausrüstung in die Barkasse und hängen unseren „Nanok“ (Eisbär) hinten dran, daß er wie ein Pfeil übers Wasser schießt bis zum kleinen Hafen der „Loranstation“, wo er von starken Armen an Land gehievt wird.
„Hunger?“, fragen die Männer und wir deuten auf unsere Mägen in der Hoffnung, nach dem tagelangen Müsli endlich mal Fleisch zu bekommen. Da lachen sie, packen mit an, um unser Gepäck in einer Holzhütte am Hafen zu verstauen und führen uns einen Kilometer hinauf zur Station, die auf einem Hügel liegt.
Es sind insgesamt 18 Männer und sie haben den Auftrag, die seit etwa einem Jahr verwaiste Station abzubauen. Sie ist nicht mehr funktionstüchtig, die Gemeinde Angmagsalik hat die Baracken gekauft und nun sollen sie zerlegt und verschifft werden. 500 dänische Kronen erhält jeder pro Woche, das ist die Hälfte ihres Lohnes für zehn Stunden Arbeit am Tag, den Rest bekommen sie ausgezahlt, wenn sie ihre Aufgabe erfüllt haben.
Ein karges Leben mit Petroleumlicht und -heizung, fließend Wasser nur am Strand und Essen aus der Büchse. Aber alle lachen und fühlen sich wohl. Ein unverwüstlicher Menschenschlag.
Wir bekommen unser Fleisch: drei Dosen Buletten, dazu Kartoffeln, ebenfalls aus der Büchse, und Rote Bete aus dem Weckglas. Ein Festmahl! Wir trinken Orangenbrause und ein paar Männer holen vorsintflutliche Musikinstrumente heraus, spielen und singen dazu. Alle sind glücklich.

*

Gabriele Kohler-Gallei führte genau Tagebuch auf dieser Reise. Und ihr als Frau fallen auch die Einzelheiten auf, die Konrad Gallei, der den Kopf voll hat mit Dingen, die den Gesamterfolg der Expedition sichern, einfach übersieht. Am 4. und 5. August notiert sie:
„Nachdem wir auf der Wetterstation, deren dänische Besatzung längst nach Kopenhagen zurückgekehrt ist, Trockenfleisch eingekauft haben, stehen wir am nächsten Morgen um 7 Uhr auf, früh-

stücken mit unseren neuen Freunden und legen uns noch einmal hin. Ab 9 Uhr packen wir und starten gegen 14 Uhr. Das Wetter ist gut, die Sonne scheint sogar ein wenig und die See zeigt sich relativ ruhig. Wir fahren in Richtung Orsait und schaffen in der Stunde etwa zehn Kilometer. Vor den Graahs-Inseln geraten wir jedoch in dichtestes Packeis und irren bis nachts um 11 Uhr zwischen den Eisklötzen umher, ohne die Fahrrinne zu finden, die auf direktem Weg nach Orsait führt.

Eine lebensgefährliche Angelegenheit und ich überlege mir zum ersten Mal, ob ich eigentlich deshalb aus dem sicheren Berlin aufgebrochen bin! Wir versuchen, möglichst laut vor uns hinzupfeifen, um Eisbären, die sich gerne in solchen eisreichen Gebieten aufhalten, zu verschrecken.

Sechs Stunden fuhren wir hin und her ohne Orientierung und als wir schließlich ein Stück Land erspähten, paddelten wir dicht an der Küste entlang, wo sich der Eisgürtel des Flachwassers wegen nicht ganz so gefährlich verschieben konnte.

Plötzlich merkte ich, wie erschöpft ich war. Meine Finger taten weh von der Kälte und der Anstrengung und mir traten die Tränen in die Augen. Solche Schmerzen, dachte ich, habe ich noch nicht erlebt, soweit ich mich erinnern kann.

Erst um 2 Uhr morgens kamen wir in Orsait an, das tief in einem Fjord liegt und aus zwei leerstehenden Hütten besteht. Eigentlich hatten wir uns auf ein festes Dach über den Köpfen gefreut, aber die Hütten waren so verwahrlost und schmutzig, daß wir lieber eine Stunde lang das Zelt aufbauten. Und dann noch zwei weitere Stunden brauchten, um ein Regendach darüber zu spannen, Müsli und Tee zu kochen, beides zu uns zu nehmen und in die Schlafsäcke zu kriechen.

Mittlerweile war es 6 Uhr morgens. Wir waren naß bis auf die Haut, total erschöpft und konnten vor Schmerzen kaum schlafen. Vor allem die Finger, Achseln, Schultern und der Bauch taten uns weh. Am Rücken bildeten sich blaue Flecken wie Marmorierungen.

Wir wachten gegen 12 Uhr einmal kurz auf, bereiteten uns nochmal ein Müsli zu und fielen zurück ins Zelt. Als ich um 16 Uhr erwachte, schien die Sonne, Konrad hatte bereits Wasser geholt und eine Spargelcremesuppe gekocht, die ich mit Heißhunger aß. Und wieder einschlief. Bis 21 Uhr. Es war beinahe unerklärlich, wie sehr ich des Schlafes bedurfte und Hunger hatte, wenn ich erwachte. Das muß das Klima sein, dachte ich. Denn um 21 Uhr bereiteten wir uns Dörrfleisch in Salzwasser zu, würzten es mit Pfeffer und Knoblauch und tranken Pfefferminztee.

Da begann es wieder zu regnen, und wir hofften inständig auf besseres Wetter am Morgen, da wir eine

Etappe von 30 bis 40 Kilometern zurücklegen wollten. Was unmöglich ist bei rauher See und Regen."
Soweit die Tagebuchaufzeichnungen von Gabriele Kohler-Gallei vom 4. und 5. August.

*

Es regnete immer noch am Morgen und wir entschieden hierzubleiben und uns umzuschauen. Orsait besteht aus einem Holz- und aus einem Steinhaus und war früher eine Fangstation. Das Steinhaus besaß keine Tür mehr und eine Fensterscheibe war eingeschlagen. Die Betten waren umgestürzt, vor der Tür häuften sich die Reste von Seehundsmahlzeiten in Form von Knochenbergen.

Am Abend trafen drei Jäger ein, für die solche „Fangstationen" eigentlich errichtet wurden – Eskimos auf der Jagd nach Seehunden, Eisbären und Fischen. Sie hatten ein schweres Boot mit Dieselmotor bei sich und wählten für die Nacht die kleinere Holzhütte.

Orsait ist ein Treffpunkt der „Fänger", wie sie übersetzt aus dem Dänischen heißen, und liegt 40 bis 45 Kilometer entfernt von Pikiutdlek, das wir morgen erreichen wollten.

Als wir wach wurden, sahen wir, daß die drei Männer am Ufer Seehunde zerlegten. Gabriele fotografierte sie dabei und sie stellten sich bereitwillig in Pose. Wahrscheinlich behagte es ihnen, von einer Europäerin aufgenommen zu werden. Die „Fänger" hielten uns auf und als sie uns gegen 14 Uhr auch noch zur Jagd einluden, fuhren wir sofort mit. Aber irgendwie brachten wir den dreien Unglück. Sie schossen zwar zwei Robben, verwundeten jedoch fünf, die sofort abtauchten und wahrscheinlich unter Wasser verendeten. Etwas Ähnliches war uns schon bei Gabba, einem befreundeten Eskimo passiert, der immer dann, wenn wir mitkamen, nur eine oder zwei Robben erlegte.

Die Männer jedoch nahmen uns das Jagdpech nicht übel, verköstigten uns und reichten heißen Tee herum. Wir steuerten ein paar Kekse bei und am Abend gab's Robbenfleisch aus der frischen Beute. Wir blieben noch eine Nacht, zumal unser Zelt unversehrt stand.

Was keineswegs die Regel ist. Denn häufig schnüffelt irgendein Tier darin herum oder der Wind zerrt daran. Vom Boot, das abgetrieben werden kann trotz seiner Verankerung, ganz zu schweigen.

Das Abendessen fand in festlichem Rahmen statt, allerdings nach einheimischer Art: eine Steinplatte diente als Tisch, fünf weitere Platten als Stühle. Der „Tisch" wurde mit der heißen Brühe aus dem Kochtopf abgeschwemmt, damit kein Sandkorn oder Rest von der letzten Mahlzeit ins Essen geriet, das Fleisch kam direkt auf die Platte und jeder griff nach Herzenslust zu.

Seite 19: Angmagsalik, Hauptort Ostgrönlands. Wer Iglus erwartet wird enttäuscht. Das Fundament der Häuser besteht aus Beton, der Oberbau aus Holz. Fast alle Häuser werden mit aus Dänemark importierter Kohle beheizt, die größeren Häuser mittels Elektro-Zentralheizung. Hier gibt es einen modernen Supermarkt, Krankenhaus, Altersheim, Schule, Sportplatz und ein Hotel, das einzige in Ostgrönland. Und es gibt Autos und eine Taxe. Das Straßennetz umfaßt nur insgesamt zwei Kilometer – dennoch lassen sich viele Inuit mit dem Taxi zur Diskothek oder zum Einkaufen fahren.

Seiten 22/23: Impressionen grönländischer Gesichter, aufgenommen in Angmagsalik und Ikateq. Die noch unvermischten, ursprünglichen Inuit haben uns äußerlich immer wieder auch durch ihre schönen Mandelaugen und ihr seidig glänzendes Haar beeindruckt. Der Junge auf dem Bild, Seite 23 links unten, genießt in vollen Zügen frische Seehundsleber. Diese ist nicht nur reich an Vitaminen, sondern zugleich von herrlich süßem Geschmack. Die Kinder der Inuit schätzen sie als besondere Delikatesse, für die es sich sogar zu prügeln lohnt.

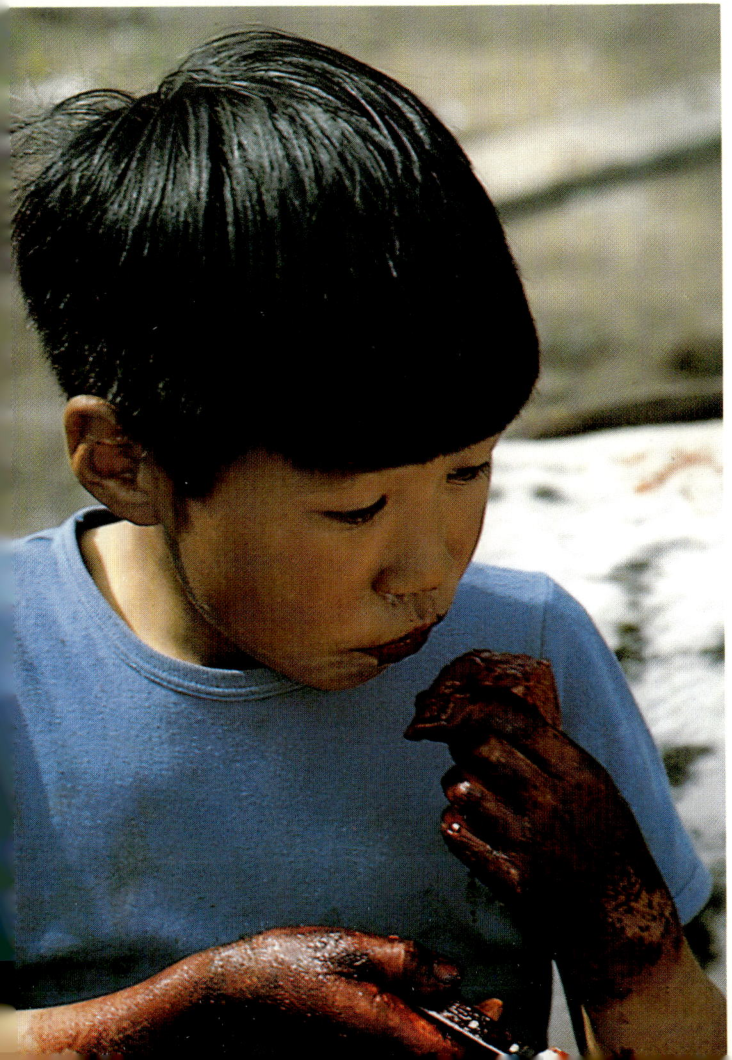

Robbenfleisch ist etwas Köstliches, besonders wenn man die Gelegenheit hat, den frischen Speck dazu zu essen.
Zum Tee wurden wir in die Holzhütte gebeten, die drei Männer kuschelten sich der Wärme wegen auf dem tischähnlichen Bettgestell zusammen und am Boden zischte der Primuskocher. Von draußen hört man ein merkwürdiges Knacken, so als ob Regentropfen auf dem Wasser aufschlagen, und da merken wir, daß Eisbrocken an die Küste geschwemmt werden. Es knackt so eigenartig, wenn sie im Wasser dümpeln und vor sich hintauen.

*

8. August, 21.15 Uhr: Die Sonne ist eben untergegangen und hat den Himmel gelb, orange und dunkelrot gefärbt. Jetzt färbt sich das Firmament erst violett, dunkelblau, dann grau und schließlich anthrazit. Es wird Nacht.
Gestern um 14.30 Uhr sind wir in Orsait losgefahren. Das ist spät, aber am Morgen regnete es und wir wollten vermeiden, ein nasses Zelt einpacken zu müssen. Das ist unangenehm – schon naß zu sein, ehe man sich ins Boot setzt. Oder gleich naß zu werden, weil die Packsäcke feucht sind.
Wir paddelten rund sechs Stunden und schafften eine Strecke von 30 Kilometern. Jetzt sind wir in Isertup Nua, das auf einer Landzunge liegt. Wir fanden eine kleine Jagdhütte von 3,50 x 2 Meter Größe, die vorne am Eingang zwei Meter hoch ist und hinten schräg abfällt bis auf 1,50 Meter. Die Hälfte des Innenraums besteht aus einem Bett von Wand zu Wand, die andere Hälfte ist leer und enthält Drähte, auf denen man über Nacht seine nassen Sachen zum Trocknen aufhängt. Hier verbrachten wir die Nacht.
Es gibt zwar keinen Ofen in dem Häuschen, aber da der Wind nicht durchpfeifen kann, ist es hier drinnen sehr viel wärmer als im Zelt. Das Bett dient auch als Eßtisch – hinten an der Wand die Schlafsäcke, vorne an der Kante der Kocher und drei Kerzen. An den Drähten hängen unsere patschnassen Sachen und die Landkarte, die auch mal wieder richtig trocken werden sollte, obwohl sie zum Schutz gegen Nässe hinten und vorne mit Folie beklebt ist. Aber das Seewasser dringt doch ein. Nach unserer Erfahrung halten derart präparierte Karten eine bis eineinhalb Wochen, wobei jedoch die Linien und Farben erhalten bleiben.
Nun führt man natürlich Landkarten großen Maßstabs mit, und wir haben ausgerechnet, daß wir noch vier Karten durchfahren müssen – vier Wochen also noch, pro Woche eine Karte...
Wir heizen mit Holz, das massig herumliegt, und sparen Spiritus. Und wir essen zweimal, weil uns die drei Jäger in Orsait einen Fleischklumpen zu-

steckten und dann hier in Isertup Nua eine frische Robbe fanden, die ein Unbekannter mit Steinen beschwert am Ufer zurückgelassen hatte. Wir füllten drei Nesselsäcke, in denen wir das längst verzehrte Müsli und Haferflocken verstaut hatten, und füllten zwei mit Fleisch und einen mit Speck. Denn, wie vorher schon erwähnt, sollte man beides zusammen essen – das magere Fleisch, das man mit Rumpsteaks vergleichen kann, und den saftig-fetten Speck, an dem man alte Lagerplätze erkennen kann, weil rundherum eine dicke Tran- oder Fettschicht liegt, die von geschlachteten Seehunden stammt.
Man rundet in Grönland ein solches Festessen mit Seetang-Salat ab, der mit Essig und Öl angemacht ist, serviert zwei Scheiben Vollkornbrot, für jeden eine, und trinkt hinterher Pfefferminztee brühheiß.

*

Der 65. Breitengrad ist erreicht, das entspricht etwa der Höhe des mittleren Island oder der Stadt Archangelsk, am Weißen Meer in der UdSSR. Er kreuzt sich hier mit dem 40. Längengrad, der den Atlantik in zwei fast gleich große Hälften zerschneidet. Gabriele Kohler-Gallei notiert am 9. und 10. August in ihr Tagebuch:
„Um 11.30 Uhr fuhren wir von Isertup Nua ab, weil wir dadurch, daß wir in der Hütte nächtigen konnten und uns den Zeltabbau ersparten, nur zwei Stunden zum Packen brauchten. Das Wetter war recht gut, die See glatt und ab und zu lugte die Sonne aus den sonst dichten Wolken.
Die Landschaft hat sich im Vergleich zur Gegend um Angmagsalik völlig verändert: viel flacher, es wächst kaum noch Gras, dafür treten Steinformationen in den verschiedensten Formen und Farben auf – grau, weiß, rötlich, grünschimmernd, teilweise zerbröckelt und wie Geröllhalden wirkend, teilweise geformt wie Kuchen aus Felsen, und manchmal erkennt man richtige Marmorkuchen mit schwarzen und weißen Linien darin.
Wir sind auf der Etappe von Isertup Nua nach Pikiutdlek an fünf Gletscherzungen vorbeigekommen und haben etliche kleine Inseln passiert. Wir konnten deshalb geschützt zwischen der Küste und diesen Inseln paddeln und kamen um 18.30 Uhr in Pikiutdlek an. Wir hatten eigentlich gedacht, diese Station sei bewohnt, wurden jedoch nur von einem Rudel Hunde wild kläffend begrüßt. Es mochten an die 30 Tiere sein.
Die Grönländer hatten sie ausgesetzt und nur die stärksten überleben. Aber die Hunde waren keineswegs aggressiv und so suchten wir uns gleich die erste Hütte aus, die zwar verdreckt und schmierig war, aber einen funktionierenden Ofen besaß,

den Konrad sofort anheizte. Und dann wurde es in der Wärme und durch eine mitgebrachte Tischdekke richtig gemütlich in unserem Nachtquartier.
Das komische war, daß wir nach fünf Stunden Schlaf gegen 4 Uhr morgens aufwachten, da wir die Wärme nicht mehr gewöhnt waren. Wir merkten, daß unsere Körper sich bereits akklimatisiert hatten an die Umgebung, an kalte Zelte und ungeheizte Hütten.
Gegen 11 Uhr marschierten wir zehn Stunden lang über die Insel, auf der Pikiutdlek liegt, um zu fotografieren und Zucker zu suchen, den wir dringend brauchten, da wir vielzuwenig mitgenommen hatten. Die ausgesetzten Hunde folgten uns auf Schritt und Tritt, wurden auch schon mal zudringlich und mußten mit Steinwürfen und Gebrüll auf Distanz gehalten werden. Dennoch ahnten wir, daß sie nur Zuneigung und den Kontakt zum Menschen, der sich ihnen gegenüber so schlecht benommen hatte, suchten.
In einem der verlassenen Häuser fanden wir tatsächlich sechs Pack Zucker, nahmen uns zwei und bereiteten uns gleich süße Pfannkuchen zu, allerdings ohne Eier, dafür mit Pfeffer, Salz, Knoblauch und – Zucker. Das klingt nicht gerade einladend, schmeckt auf einer solchen Expedition aber köstlich.
Unsere Wanderung führte uns auch zu einem riesigen Lager an Gesteinsbrocken. Wir vermuten, daß hier Geologen am Werk waren, die nicht alles mitnehmen konnten, ihre Funde aber sorgfältig sortierten und an Felswänden niederlegten oder aufstellten. Wir fanden auch eine Harpunenspitze aus Messing, Eisen und Kupfer, die früher mal zu einem Jagdkajak gehört haben muß. Wir werden sie zu Hause sorgfältig präparieren und ausstellen. Denn dieses Werkzeug wird heute nicht mehr verwendet; man benützt zwar immer noch den Kajak, aber jagt mit Gewehren, die auf dem Boot in einem eigens konstruierten Futteral untergebracht sind.
In einem anderen Haus fanden wir altmodische Hosen aus Seehundsfell, die unten zugeschnürt werden wie Bundhosen und oben nach einem ähnlichen Schnitt geschneidert sind wie Krachlederne, also mit Hosenlatz und zwei Knöpfen. Nur haben sie dort, wo man beim Latz durchgreifen kann, zwei praktische Taschen, um sich die Hände zu wärmen und ein paar nützliche Dinge wie Tabak, Pfeife und Taschentuch unterzubringen.
Zwischen Isertup Nua und Pikiutdlek verfolgte uns eine Robbe. Tauchte immer dann auf, wenn wir es nicht vermuteten, und nur einmal konnten wir sie überlisten – indem wir unser Tempo steigerten und völlig überrascht war, als sie nicht mehr weit vor uns auftauchte, sondern direkt neben dem Bug unseres Bootes. Sie zuckte zusammen, tauchte blitz-

schnell, schlug dabei ärgerlich mit ihrer Schwanzflosse und ward nicht mehr gesehen.
Ich hätte nie geglaubt, daß die psychischen Anforderungen einer solchen Reise derart hoch sind, von den physischen ganz zu schweigen.
Da passierte es, daß wir in einen Fjord hineinpaddelten und ich ganz genau eine Mauer sah. Vor uns im Wasser. Quer durch von Ufer zu Ufer. Aus großen Felsbrocken. Daneben ragten zwei riesige Gletscherzungen ins Wasser, die eine Durchfahrt an den Seiten unmöglich machten.
Wir suchten diese Barriere auf der Landkarte, fanden aber nichts. Hatten wir uns vielleicht verirrt? Immer wieder verglichen wir unsere Route mit der Karte – nein, wir mußten in diesen Fjord, wir waren richtig. Dennoch stand da eine Mauer vor uns. Ich wurde ganz still und Konrad packte die Wut. Wir sahen uns lange an und packten dann die Paddel. Ruderten wild auf die Mauer zu und fuhren geradewegs auf sie zu – und erblickten plötzlich in der Ferne einen Farbtupfer! Ich blickte durch das Fernglas und sehe eine Hütte, und dann noch eine, noch zwei, und noch eine . . .
Es war alles Einbildung gewesen. Wir hatten eine Mauer gesehen, wo keine stand. Natürlich nicht. Danach wurde uns klar, daß in unserem Kopf mehr passiert, als wir erahnen. Besonders bei mir, die ich das erste Mal in einer so totalen Wildnis bin, in schier endloser Natur. Wo ich begreifen muß, daß uns kein Mensch helfen kann, daß ich auf Konrad und Konrad auf mich angewiesen ist. Daß man sich hier nur warm und wohlig fühlen kann, wenn man vorher ausgepackt und aufgebaut hat, was Stunden dauert, in denen man eigentlich viel zu müde ist, und daß es schädlich ist, sich krank zu fühlen, wie ich heute.
Ich bin erkältet, weil ich mir beim Paddeln immer wieder eiskaltes Meerwasser über den Kopf gespritzt habe. Mein linkes Ohr tut höllisch weh und meine ganze Gesichtshälfte schmerzt deshalb. Aber man kann sich auf einer solchen Expedition nicht einfach ins Bett legen und auskurieren, sondern muß sich immer wieder sagen, daß die Krankheit nebensächlich ist, weil man seine Körperkraft benötigt, um weiterzukommen.
Vor allem heute, da wir nur vier bis fünf Stunden schlafen können, um eine Riesenetappe von 40 bis 50 Kilometern zu bewältigen – ohne die Chance, zwischendurch mal an Land zu gehen, weil wir nur Gletscherzungen passieren werden.
Natürlich kann man sich hilflos stellen! Aber das nützt nichts. Es wird von mir gefordert, daß ich auf die Beine komme und etwas leiste, das bisher noch nie von mir verlangt wurde. Was nur unter diesen Bedingungen möglich ist. Und plötzlich begreife ich, warum eigentlich erfolgversprechende Expe-

ditionen plötzlich gescheitert sind: Weil die psychische Belastung zu groß wurde, die – gepaart mit physischen Anstrengungen – langsam zu einer Situation der Ausweglosigkeit führte, die im Grunde genommen keineswegs ausweglos war.
Ich habe mir jetzt ein paar Tropfen Diacard eingeflößt, ein bißchen Vitamin C geschluckt und eine Schmerztablette genommen. Schon geht's mir besser und ich hoffe bereits, daß wir früh genug aufstehen, um die Riesenetappe schaffen zu können."
Soweit Gabriele Kohler-Gallei in ihrem Tagebuch. Die beiden kamen sicher in Pamiaqtilaq an und fühlten sich auf „historischem Boden". Denn es war hier, daß Gustav Holm und seine „Frauen-Expedition" im Jahre 1884 zum ersten Mal gestrandet waren. Wie ihre Vorgänger, so zogen auch die Galleis das Boot auf 100 Meter Höhe und blickten von den Felshügeln über das Meer. Von so weit oben konnten sie das Wetter schon von weitem erkennen und waren weniger hilflos als unten am Strand.

*

16. August, 20 Uhr: Wir sitzen in einer Hütte in Patsaik in der Nansen-Bucht, und denken über die vergangenen Tage nach.
Da gab es Treibeis zwischen Pikiutdlek und Pamiaqtilaq. Es waren flache Schollen, die sich in der starken Brandung hin und her bewegten wie kochender Brei, durch den wir paddeln mußten. Die Schollen ließen zwar immer wieder schmale Gassen offen, durch die ein Boot wie das unsrige paßte, aber diese Gassen verschoben sich in Sekundenschnelle, so daß wir immer wieder in Gefahr gerieten, zwischen den Eisschollen eingeschlossen zu werden. Ganz zu schweigen von dem Risiko, daß diese Schollen, die oft ihre Kanten gegeneinander wetzten, den Kajak zerquetschen konnten. Aber mit Schnelligkeit und Glück passierten wir das Treibeis und kamen in die Nähe der Peter-Grams-Inseln.
Bisher hatten wir Wind von Achtern gehabt und starke Wellen. Also versuchten wir eine List und setzten das Segel. Auf diese Weise, rechneten wir uns aus, sind wir in zwei Stunden in Pamiaqtilaq. Ein Irrtum, denn wir hatten die Landzunge von Kap Torfäus zu umfahren, und dort erreichte uns eine Sturmflut, die die Wellen fünf bis sechs Meter hoch türmte.
Es hatte keinen Sinn, mit Segel fahren zu wollen, vor allem nicht in der „Zitronenbucht" hinter dem Kap Torfäus, in der uns gegenlaufende Wellen erwischten, so daß wir uns am Land entlang drücken mußten. Dann kam dichter Nebel auf und wir ertasteten unsere Route mehr, als daß wir etwas sahen. Erst bei den Sören Nordbyes-Inseln, vor Pamiaqti-

laq, ließ der Sturm nach und das Meer beruhigte sich. Dafür erlebten wir wieder dichtes Eis in allen Größen. Vor uns brachen tonnenschwere Klötze von schwimmenden Bergen ab und klatschten donnernd ins Meer. Schließlich sahen wir die enge Bucht von Pamiaqtilaq und gingen an Land.
Es war die härteste Etappe bisher, und sie war noch nicht zu Ende. Denn um einen geschützten Lagerplatz zu finden, mußten wir eine steile Böschung 30 bis 40 Meter hochklettern, mit unserer ganzen Ausrüstung, und bauten das Zelt in einer windgeschützten Nische auf.
53 Kilometer lagen hinter uns, was durchschnittlich 4,2 Kilometer pro Stunde bedeutet. Wir waren also 14 Stunden im Boot gewesen und jetzt war es 20.30 Uhr. Völlig erschöpft ruhten wir uns zwei Tage hier aus. Und es regnete und regnete. Erst am Montag, dem 14. August, konnten wir wieder starten. Nach Patsaik in der Nansen-Bucht, das 60 bis 70 Kilometer entfernt ist. Das bedeutete, daß wir um 3 Uhr morgens aufstanden, um pünktlich um 7 Uhr wegzukommen.
Hinter Pamiaqtilaq kommt eine große Insel und dann das Kap Poul Lövenörn. Das wollten wir weiträumig umfahren, aber sieben oder acht Kilometer entfernt erwarteten uns hoher Seegang, peitschender Wind und fürchterlicher Nebel. Wir bissen uns durch und erahnten die kleine Landzunge, die in den Karten „Lynaes“ heißt und auf Grönländisch „Umivip Kangera“ genannt wird.
Wir hielten darauf zu und sahen rechts eine badewannenartige Vertiefung im Fels einer Schärenklippe. Wir kämpften uns durch „Kleineis“, das plötzlich auftrat, und versuchten zu landen. Da erwischte uns eine Welle, die mit der Flut heranrollte, drückte das Boot in die Vertiefung, drehte es seitlich weg und ließ es stranden. Unser „Nanok“ saß am Bug und am Heck auf und es war kein Wasser mehr unterm Kiel. Wir saßen hohl, und konnten gerade noch die Paddel dazu benützen, uns vor dem Umkippen abzustützen.
Die nächsten Wellen schossen unter dem Boot durch an Land – und rollten auf dem gleichen Weg zurück. Stützten wir uns nicht fest genug ab, würden wir breitseitig ins Meer hinausgedrückt werden und kopfüber hineinstürzen. Also drückten wir uns zum Land hin, stemmten unsere Paddel ein und glitten zurück ins Wasser, als die nächste Welle das Boot einen kurzen Moment lang leicht anhob.
Wir saßen jedoch immer noch im Treibeis und mußten den Kagsertoq-Fjord überqueren. Durchs Eis oder im großen Bogen und übers offene Meer? Letzteres erschien uns ungefährlicher und so paddelten wir hinaus. Wir erwischten eine Strömung und ließen uns erst nach Süden, dann nach Nord-

west und zurück in die Nansen-Bucht treiben. Sechs Stunden hatte der Kampf mit dem Eis gedauert, verlorene Zeit auf unserer Etappe. Um 19.30 Uhr waren wir noch bei Ikasartiq, vor dem Kiataq-Berg, und hatten 15 Kilometer vor uns – keine sehr angenehme Aussicht. Denn um 21 Uhr geht hier die Sonne unter. Wir mußten unser Tempo beschleunigen. Was schwer wurde für Gabriele, da ihre Rückenlehne aus der Halterung gerutscht war.

Eineinhalb Stunden benötigten wir für die allerletzte Strecke, als wir die Patsaik-Insel schon erahnen konnten. Aber wie groß war unsere Enttäuschung, als uns weder Hundegebell, noch ein Licht erwarteten. Ich holte meine Signalpfeife aus der Rettungsweste und stieß schrille Töne aus – bis in der Dunkelheit eine Taschenlampe aufblinkte und uns den Weg zum Anlegeplatz tief in der Bucht wies. Wir taumelten an Land, merkten erst da, wie durchnäßt wir waren, gingen auf eine Hütte zu und öffneten die Tür: drinnen saß ein junger Mann mit bloßem Oberkörper, der ein Eisbärenfell schabte, daß ihm die Schweißperlen auf der Stirn standen. Natürlich merkte er sofort, wie durchgefroren, hungrig und durstig wir waren, setzte Teewasser auf und stellte mit Wasser angerührte Haferflokken, Zwieback und Margerine vor uns hin und ließ uns in seiner Hütte schlafen, auf dem Fußboden.

Zwei Tage sind wir jetzt hier. Haben unser Zelt vor der Hütte aufgebaut, um unserem Gastgeber nicht länger zur Last zu fallen, und durften Eisbärenfleisch kosten.

Sturm kommt auf, unser Zelt löste sich zum zweiten Mal und mußte immer wieder neu verankert werden. Plötzlich öffnet sich die Klappe und unser freundlicher Gastgeber schaut herein. Er heißt Ignatius Ignatiussen, besitzt über 20 Grönlandhunde und wohnt seit 1963 in diesem Haus. „Hör zu", sagt er, „Du mußt den Kajak aus dem Wasser holen, im Radio haben sie Sturmwarnung gegeben." Sofort folgten wir seinem Rat und stellen fest, daß unser „Nanok" ein Loch im Bug hat, das wahrscheinlich eine Eisscholle schlug. Ein zweites Loch finden wir am Heck, in der Gummikante am Kielboden, und glauben, daß es entstand, als wir in der „Badewanne" aufsaßen.

Wir müssen also so lange hierbleiben, bis das Wetter besser ist, wir das Boot entleeren können, um es dann zu reparieren.

Ignatiussen hilft uns noch einmal, als er unsere Karten verbessert, indem er die neuesten Informationen einträgt, wo Menschen leben, Unterkünfte zu finden sind und Depots mit Spiritus und Lebensmittel liegen. Dazu gute Angelgründe für Lachse und lohnenswerte Eskimo-Ruinen in gutem Zustand. Vor allem hat er uns darauf hingewiesen, wo starke Dünung droht, und wie wir sie umfahren können, also entweder unter Land, in die Buchten hinein und wieder hinaus, oder in großem Bogen übers offene Meer.

*

Der im Radio angekündigte Sturm ist verweht, sintflutartiger Regen folgte. Gabriele Kohler-Gallei gibt das Gelegenheit, ihr Tagebuch nachzutragen und am 17. und 18. August schreibt sie:

„Als wir an diesem Freitag aufwachten, schwamm das Zelt – es hatte derart geschüttet, daß wir mit klatschnassem Rücken aufstanden. Die Nässe hatte die Wärme vertrieben und wir mußten unsere Sachen erst einmal trocknen, ehe wir frühstücken konnten. Dann kam Ignatius und warnte uns erneut: das Wasser steige weiter, der Kajak müsse weiter aufs Land gezogen werden. Konrad folgte seinem Rat.

Ich habe aufgeräumt im Zelt und bin dann ins Haus geflüchtet. Es ist eine Eskimo-Torfhütte im ursprünglichen Stil, d. h. aus aufeinandergeschichteten Steinplatten, zwischen denen immer eine Torfscholle liegt von fünf bis sechs Zentimeter Dicke. Allerdings existiert nur noch eine Mauer in diesem Stil, in die Ruine hinein war nachträglich ein Holzhaus gestellt worden. Es besitzt einen nicht benützten Herd, auf dem ein Petroleum-Kocher steht. Das Haus ist einfach, aber trocken und geschützt. Und deshalb halten wir uns gerne dort auf. Wenn wir jedoch im Zelt unseren Spirituskocher anzünden, entsteht mehr Wärme und wir ziehen uns am Nachmittag in unser eigenes ‚Haus' zurück, um die feuchten Sachen zu trocknen.

Ich bin mürrisch, weil ich enttäuscht bin vom Wetter und erschöpft von der Expedition. Der dauernde Regen macht mich melancholisch, und so versuchen wir, uns gegenseitig aufzumuntern. Kaum verläßt man jedoch ein Haus oder das Zelt, wird man naß, der Sturm peitscht einem ins Gesicht und die Kälte kriecht am Körper hoch. In Patsaik bekommen wir zwar Fleisch, aber dennoch ist das Essen allmählich einseitig. Entweder nur Fleisch – oder nur Müsli.

Mürrisch zu sein bedeutet, daß ich empfindlich reagiere, wenn Konrad mir Anweisungen gibt. Die fasse ich dann oft falsch auf, fresse meinen Zorn in mich hinein und verkapsle ihn. Depressiv, könnte man mich nennen. Aber wie soll ich aus dieser Phase rauskommen, wenn der Regen nicht nachläßt, der Sturm bleigraue Wolken über den Himmel jagt und man nicht mal hinter einem Busch verschwinden kann mit Abstand, weil der Orkan so stark ist. Ein Lichtblick war das Eisbären-Essen, zu dem man uns eingeladen hat. Ignatius hatte ihn erlegt, das Fell für 17 000 Dänische Kronen an den ‚KGH'

verkauft und das Fleisch behalten. Früher, so erfahre ich, haben die Grönländer sich geweigert, Eisbären zu essen, weil ihr Fleisch Trichinen enthält. Bis sie lernten, daß diese durch eine Stunde Kochen abgetötet werden.
Nach dem Essen durften wir im Haus unsere nassen Sachen zum Trocknen aufhängen – alle Kleidungsstücke, die Kajakteile, Schwimmwesten und auch unsere Handschuhe. Da merkte ich, daß meine fehlten. Es waren Fäustlinge aus Nylonstoff, die innen mit Plüsch gefüttert sind, und die ich zum Kajakfahren benütze. Als ich sie suchte und schließlich die Eskimos fragte, ob sie sie gesehen hätten, schüttelte das Ehepaar gleichzeitig den Kopf und beide versicherten, sie nicht gesehen zu haben.
Das kam mir verdächtig vor. Aber wir wollten nicht weitersuchen und die Gastfreundschaft des Hausbesitzers durch Verdächtigung vergelten. Also gingen wir zurück in unser Zelt, haben uns noch einen Tee zubereitet und sind in die Schlafsäcke gekrochen.
Um 6 Uhr morgens wachten wir auf vor Kälte – wieder war der Regen, der seit zwei Stunden vom Himmel fiel, ins Zelt geflossen. Wir lagen, da sich das Wasser auch unter dem Zeltboden gestaut hatte, wie auf einem Wasserbett und waren vollkommen durchnäßt. Das bedeutete: umziehen, neue warme Sachen an, Lappen holen und alles trocken wischen, die feuchten Klamotten möglichst schnell irgendwie, irgendwo auf die Leine hängen.
Über eine Stunde arbeiten wir gegen die Nässe, als Ignatius erschien und rief: ‚Das große Schiff kommt!‘ Seit Tagen wartete er auf einen Versorgungsdampfer aus Angmagsalik oder Tingmiarmiut, einer Wetterstation im Süden, der Material zum Bau einer Jagdhütte bringen sollte.
Für uns bedeutete das Schiff die Möglichkeit, mitgenommen zu werden, wenn es in die richtige Richtung fuhr. Ignatius hatte auch bereits seine Söhne beauftragt, mit Konrad rauszufahren und in der Zwischenzeit packte ich unsere Säcke und flüchtete mich dann ins Haus, da es immer noch regnete.
Nach eineinhalb Stunden kehrte Konrad mit einem Motorboot zurück und sah aus wie ein Weihnachtsmann: Er winkte mit einem Arm und trug einen weißen Sack über die Schulter, in dem etwas steckte, was wir seit Monaten nicht mehr gegessen hatten und sehr vermißten: Brot. Vier Laib vom Koch des Versorgungsschiffes.
Konrad war es gelungen, guten Kontakt zu den acht Norwegern auf dem Dampfer zu bekommen, er hatte für die Eskimos ein Eisbärenfell an sie verkauft und mit dem Skipper klargemacht, daß er uns mitnimmt, wenn er den Auftrag bekommt,

nach Tingmiarmiut zu fahren. Und dann hatte ihm der Koch zum Abschied die vier Laib Brot und einen Käse geschenkt.
Es war Weihnachten. Seit Wochen nur trockenes Müsli oder Schiffszwieback, so zäh wie zehn Jahre altes Gebäck. Das Brot vom Schiff war auch alt, und sogar ein bißchen schimmelig, aber weich und es konnte mit Käse belegt werden. Wir schlangen die Bissen zum Frühstück hinunter und fühlten uns wie Feinschmecker.
Am Nachmittag hörte der Regen auf und Konrad baute den Mast im Kajak ab und packte die Seile des Segels weg. Dann liefen wir los, um nach all den Regentagen die Gegend kennenzulernen, in der wir uns nun schon tagelang aufhielten. Wir befinden uns auf einer von vier Inseln, die in einem Fjord liegen, den vier Gletscherzungen einrahmen. Hinter dem Haus, in dessen Nähe wir kampierten, stehen noch vier Häuser und in acht Gräbern nebendran fanden wir Skelette. Die Häuser waren eingestürzt bis auf die Grundmauern, aber es wachsen buschartige Gräser dort, ich fand Blumen und sogar etwas, was eine richtige grüne Wiese sein konnte. Mir kamen die Blütenstengel des hohen Grases so vor wie Sauerampfer und als ich sie kostete, schmeckten sie ähnlich. Ich habe sofort ein Halstuch voll davon gesammelt und einen mit Knoblauch, Essig und Öl gewürzten Salat gemacht. Er schmeckte phantastisch. Jetzt hoffen wir, daß uns das Schiff mitnimmt, damit wir die Zeit aufholen, die wir durch den Sturm verloren haben.
Da tauchten meine Handschuhe wieder auf, und das passierte so: als die Frau von Ignatius noch im Bett lag, wärmten wir uns im Haus auf. Konrad setzte sich aufs Sofa und erspähte meine Handschuhe oben auf einem Regal. Wir stellten uns unwissend, bis die Frau das Haus verlassen hatte und dann holte Konrad die Handschuhe blitzschnell vom Regal, ich versteckte sie unter meinem Pulli und schmuggelte sie so aus dem Haus, ohne unsere ansonsten hilfreichen Gastgeber zu beschämen.
Natürlich mußten die Grönländer wissen, daß Handschuhe lebenswichtig für mich sind. Daß ich mir die Finger abfriere ohne diese Fäustlinge. Sie müssen auch entdeckt haben, daß wir sie uns zurückgeholt haben, denn als Konrad noch einmal ins Haus ging, reagierten Ignatius und seine Frau mürrisch und schauten zur Seite. Da haben wir alle unsere Sachen, die sich noch im Haus befanden zum Trocknen, in einen Plastiksack gepackt und ins Zelt gestellt, obwohl dort wirklich kaum Platz war. Aber es schien uns zu riskant, daß noch einmal irgendein wichtiger Ausrüstungsgegenstand verlorenging.
Merkwürdig – sie können einem das Leben retten

und sind großzügig, diese Grönländer, und im nächsten Moment stehlen sie einem das, was Lebens rettend sein kann, und das sie selbst viel einfacher und schöner herstellen . . .“

Hier endet das Tagebuch von Gabriele Kohler-Gallei vom 17./18. August. Nach 14 Tagen scheint zum ersten Mal wieder die Sonne und sie benützt die trockene Zeit, um ihre Notizen nachzutragen. Die beiden sitzen immer noch in Patsaik fest und haben mit 500 Kilometern etwa die Hälfte der Strecke, die sie sich vorgenommen haben, hinter sich. Im Tagebuch vom 20./21. August schreibt sie:

„Heute, an einem Sonntag, sind wir mit dem Schwiegersohn von Ignatius im Motorboot auf eine andere Insel gefahren, um zu fotografieren. Sie besteht aus einer Steinwüste, ein paar Schneeflekken, kleinen Bächen, Moosbüscheln und wenigen Krüppelweiden. Zuerst kommt einem diese flache Geröllhalde bunt vor, weil das Gestein weiß, grau, grünlich und schwarz ist. Aber schon bald erkennt man die Kargheit und Tristesse der Landschaft.

Auf dem Rückweg zum Boot schlugen wir einen anderen Weg ein und entdeckten auf einer Schneefläche Eisbärenspuren. Uns wurde mulmig und wir liefen zum Strand, um möglichst schnell auf eine andere Insel zu gelangen. Den Spuren nach zu urteilen, mußte es eine Mutter mit einem Jungen gewesen sein, und mir war klar, warum sie gerade diese Insel bevorzugt hatten – sie liegt geschützt und bekommt häufig Sonne.

Jetzt hoffen wir natürlich, daß das gute Wetter anhält. Natürlich bedeutet der klare Himmel, daß es kalt ist: so um die zwei Grad. Zurück beim Zelt haben wir uns ins Freie gestellt und uns auslüften lassen. Dann sind wir runter zum Hafen, der relativ windgeschützt liegt und haben von warmen Ländern geträumt, von Italien, wo man in der Sonne liegen und schwimmen kann.“

Soweit das Tagebuch von Gabriele Kohler-Gallei. Es ist der 23. August, und ihr Mann Konrad nimmt den Faden der Erzählung auf.

*

Wir mußten endlich unseren lädierten Kajak reparieren. Ich fand zum Glück einen alten Wasserkessel aus Aluminium, klopfte es flach und schnitt es schuppenförmig zu, so daß ich es auf den Bug kleben konnte. Die an sich scharfen Kanten mußte ich, wie einen Stoffsaum, einschlagen, aber mit dieser Konstruktion, die ich mit wasserfestem Tesaband verstärkte, entstand eine Art Rammbock, mit dessen Hilfe wir in Zukunft zumindest gegen die Kanten kleinerer Eisbrocken geschützt sind.

Es kommt leider wieder Sturm auf, Ignatius holt vorsichtshalber sein Motorboot aus dem Wasser und schließlich gehen die Wellen derart hoch, das

Eisklötze von den Gletschern brechen und ins Meer getrieben werden. Als die Nacht hereinbricht, ist sie sternenklar und Polarlicht steht am Himmel. Der Sturm peitscht unser Zelt und wir schlafen in Alarmbereitschaft, d. h. angezogen, um schnell rauskriechen zu können, falls am Zelt etwas reißt. Seit sechs Stunden bläst es bereits in Orkanstärke. Wer jetzt ins Freie muß, kann sich nur auf den Beinen halten, wenn er sich steil nach vorne, in den Wind, lehnt.

„Achtung, Achtung! Hier ist der Grönlandsender Angmagsalik. Ab sofort Sturmwarnung im ganzen Gebiet von Angmagsalik, Tingmiarmiut und Christiansund!" – so tönt es immer und immer wieder aus dem Radio in der Hütte von Ignatius. Wir hier draußen in Patsaik dürften Windstärke 12 haben, was einer Geschwindigkeit von 165 Kilometern pro Stunde entspricht.

In der Nacht konnten wir nur schichtweise schlafen: jeweils eine Stunde, in der der andere die Zeltwände stützte. Am Morgen dann läßt der Orkan plötzlich nach und die Sonne grinst vom Himmel. Der Sturm hat die Landschaft klargefegt und uns erfassen immer noch einzelne starke Böen, als wir das Zelt verlassen. In der Nacht ist das Regenvordach in der Mitte durchgerissen und wir konnten es gerade noch bergen. Seit zwei Stunden sitze ich jetzt hier und nähe es wieder zusammen. Dreieinhalb Meter Riß – und das dreimal nähen! Pro Naht sechs Stunden, aber dann ist das Dach so gut wie neu.

Wir hoffen, morgen oder übermorgen abfahren zu können. Wir sind schon viel zu lange in Patsaik. Aber wir verpaßten den richtigen Zeitpunkt. Denn der Kajak lag oben auf Felsen, die nicht flach, sondern ziemlich steil ins Meer abfielen und bei Ebbe lag der Wasserspiegel zusätzlich einen Meter tiefer. Das beladene Boot ist aber so schwer, daß wir beide allein es nicht tragen können. Uns blieb aber keine andere Wahl. Wir mußten übermenschliche Kräfte entwickeln und irgendwie schafften wir es. Gegen 10 Uhr starteten wir und mußten gleich durch ein dichtes Eisfeld.

Der Sturm und die Ebbe hatten Kleineis aus dem Meer in den Fjord geschwemmt, und was ich im Zelt für „Geräusche eines großen Wasserfalls" gehalten hatte, war eine starke Dünung, die an der gesamten Fjordküste zu donnernder Brandung führte. Uns wurde leicht übel in der ersten halben Stunde, so schaukelte unser „Nanok", und etwas unsicher paddelten wir auf den Vales-Fjord zu.

Auf dem offenen Meer wurde die Dünung immer stärker und die Wellen gingen derart hoch, daß wir, zum ersten Mal, beteten. Jeder für sich – daß ein Schutzengel kommen möge, und die bis zu 25 Meter hohen Wellen, die wie Hügel auf uns zukamen,

Seite 37: Trotz Erschöpfung durch die mehrstündige Anstrengung des Paddelns führte Gabriele zuverlässig Tagebuch.
Seite 38: Schulkinder in Angmagsalik. Die europäische Kleidung hat sich z. T. leider durchgesetzt. Gummistiefel werden oftmals den traditionellen Seehundsstiefeln vorgezogen.
Seite 38 rechts unten: Ein Hühnerzüchter versorgt den Ort mit frischen Eiern.
Seite 39: 50 Menschen leben in Ikateq. Der Ort verfügt über ein kleines Geschäft, untergebracht in einer Holzbaracke, das die Bewohner mit Grundnahrungsmitteln versorgt. Die Öffnungszeiten richten sich allein nach den Kunden. Wer etwas kaufen will, klopft den Besitzer des Ladens aus seinem Haus. In Ikateq haben wir zum ersten Mal gesehen, wie die grönländischen Frauen mit ihrem klassischen Werkzeug, dem „Ulu", im Schneidersitz auf einem Brett frisch abgezogene Seehundsfelle schabten. Die Felle werden anschließend mit Holzpflöcken am Boden oder in einen Rahmen eingenäht zum Trocknen aufgespannt.
Seite 40: Ein Junge im traditionellen typischen Kajak Ostgrönlands. Der Rumpfrahmen ist aus Treibholz gebaut, die Bespannung aus Seehundsleder. Auch die Paddel sind aus Treibholz gearbeitet. Die Paddelenden werden aus Blech geschlagen, damit sie nicht aufreißen, wenn sie gegen Treibeis schlagen. Wir haben uns anfangs sehr über die kleinen Paddelschaufeln gewundert. Sie sind perfekt auf die Bedürfnisse der Jäger ausgerichtet. Fast lautlos konnte der Jäger so an Narwale und Seehunde heranpaddeln, um sie auf eine Entfernung von fünf bis sechs Metern zu harpunieren. Trotz der kleinen Schaufelfläche kamen die Paddler schnell vorwärts, da auch das Kajak in Länge und Breite exakt auf den Besitzer ausgerichtet, leicht, schnell und wendig mit den Paddeln harmonierte.
Seite 41 oben: Seehundsfleisch auf Gestellen gelagert, damit die Hunde nicht an den Wintervorrat herankönnen.
Seite 41 unten: Auf den ersten Blick ein Bild der Armut und des Drecks. Was der Grönländer nach alter Sitte vor seine Haustüre schmeißt, gilt noch lange nicht als weggeworfen. Ein halbes Jahr später kann er es vielleicht schon wieder verwenden und sei es zur Reparatur anderer Gegenstände. Nimmt ein Fremder aus dem scheinbaren Abfallhaufen etwas heraus, ist er – nur folgerichtig – ein Dieb.
Seiten 42/43: Ausblick von unserem Lager bei Pamiaqtilaq. Exakt an dieser Stelle hielt sich 1884 auch Gustav Holm auf. Die Pfosten aus Steinen zum Aufbocken der Boote sind noch heute erhalten.
Seite 44: Seehundsjäger in Kitermit. Er arbeitet mit einem ehemaligen Rettungsboot eines Ozeandampfers, das er mit einem Dieselmotor ausgerüstet hat.
Seite 45: Improvisation ist alles in der Natur. Unsere hölzernen Kober-Paddel wurden an Waschtagen flugs in Wäschestangen umfunktioniert. Während sich Sonne und Wind unserer tropfenden Kleidungsstücke erbarmten, schaukelte unser für uns zur zweiten Heimat gewordener Aerius friedlich auf dem Wasser.

466

Seite 46: Die vier Bilder verdeutlichen die vom Typ her sehr unterschiedlichen Menschen der Ost- und der Westküste Grönlands. Auf der linken Seite ein Eisbärjäger Westgrönlands mit seiner Frau, die noch nach alter Tradition mit dem „Ulu“ Seehundslederstiefel zuschneidet.
Rechts oben: Maria, 1978 100 Jahre alt, lebt im Altersheim. Ihre Mutter war 1884 bei der Frauenboot-Expedition dabei.
Rechts unten: Ein Jäger Ostgrönlands.
Seite 47: Ein bei Pikiutdlek vom Inlandeis ins Meer übergehender Gletscher.
Seite 48: Treibeis im Abendlicht.
Seite 49: Präparierte Fische werden in für die Hunde unerreichbarer Höhe zum Trocknen aufgehängt. Sie sind nicht nur Winterverpflegung, sondern im Sommer auch Notproviant für die Jäger. Rechts unten: Ein windsicher gelagertes Seehundskajak. Kielleisten aus Eisbärknochen dienen als Schutz bei Auflaufen auf Eis.
Seite 50: Bis zu 10 Zentner kann eine große Speckrobbe, das „Schwein“ Grönlands, wiegen und so ist jede erfolgreiche Jagd ein kleines Ortsfest wert.
Rechts unten: Beim Zerlegen wird das Fleisch des Seehundes sorgsam aus dem Speck herausgeschält. Speck und Leber werden roh gegessen, das Fleisch in Meerwasser gekocht.
Seite 51: Unser Zeltlager bei Kitermit nachts um 24 Uhr.
Seite 52 oben: Frei laufende, verwilderte Schlittenhunde. Die Tiere führen ein hartes Leben, fressen zuweilen in ihrer Not den Schwächsten aus ihrer Mitte.
Seiten 52/53: Gesteinsformationen bei Pikiutdlek.
Seiten 54/55: Sonnenaufgang im Spätherbst.
Seiten 56/57: Idylle an unserer Station „13-Häuser“. Idylle? – Tatsächlich waren die Rauschbeeren einer der letzten Strohhalme, an die sich unser Leben klammerte. Zu lange vom Sturm in Patsaik festgehalten, reichten unsere Lebensmittel nicht aus. Wir erlebten zum ersten Mal in unserem Leben, was es heißt, wirklich zu hungern. Wir rissen Miesmuscheln von den Klippen und sammelten Rauschbeeren bei den „13-Häusern“, um wenigstens etwas in den Magen zu bekommen. Wenn wir uns heute die Fotos betrachten, dann erstaunt uns vor allem die gleichgültige Ruhe, die unsere Gesichter trotz der Todesangst ausstrahlen.
Seite 58: Hoch über dem Meer versuchten wir nach dreitägigem Sturm mit strömendem Regen, unsere Kleidung wieder zu trocknen. Über Stunden mußten wir unsere Sachen immer wieder zur Sonne hinwenden, denn nur diese hatte die Kraft, zu trocknen.
Seite 59: Tobias, der Sohn eines Eisbärjägers in Patsaik. Zwei Jahre später, so erfuhren wir, kam seine ganze Sippe auf dem Weg über das Inlandeis mit dem Hundeschlitten nach Angmagsalik ums Leben.
Seite 60 links oben: Gabriele mit einem Jäger in Ostgrönland.
Rechts unten: Unser Bug war durch die Zusammenstöße mit Eisklötzen unbedingt reparaturbedürftig geworden. Als Schutz bei der Weiterfahrt diente uns ein in der Landschaft herumliegender alter Aluminiumkessel, den wir zerschnitten und mit Tesaband aufklebten.
Rechts: Das Ein- und Ausladen des Bootes kam vom Arbeitsaufwand jedesmal einem Umzug gleich.

beruhige. Wir stürzten in unserer Nußschale vom Berg ins Tal, wurden den nächsten Berg hochgeschwemmt und fielen hinten wieder ins Tal. Aber die Wellen kamen auch von den Seiten, nicht nur von vorne, Gischt peitschte auf das Deck und das Wasser lief uns in die Kleidung, ins Boot und über die bloße Haut. Der Kajak knarrte und ächzte und oben auf jeder Welle ging das Gefühl verloren, das Boot in der Gewalt zu haben – auch wenn ich das Steuer mit dem Fuß nach links drückte, wurde der „Nanok" nach rechts abgetrieben, tat ich gar nichts, schoß er nach links in eine Wellenschlucht. Wir waren in diesem Moment ziemlich hilflos, und das mag der Grund für unsere Stoßgebete gewesen sein, denn eigentlich sind wir nicht sehr religiös veranlagt.

Wir hatten solche Angst, daß ich mich zweimal übergeben mußte und Gabriele sich die Lippen blutig biß. Wir ahnten, daß uns in diesem aufgewühlten Meer keine Schwimmweste retten würde, niemand die Signalpfeife hören könnte und es unmöglich ist, das Land aus eigener Kraft zu erreichen. Und dann noch die Eisbrocken in der aufgewühlten See.

*

31. August bis 7. September: Vom Otto-Krumpen-Fjord zum Vales-Fjord. Wir waren so erledigt, daß meine Reaktion nachließ. Ich unterschätzte beim Aussteuern der Strömung den Sog eines Eisklotzes und eine Welle riß uns langsam, aber unaufhaltsam auf den weißen Block zu. Wir kamen vom Kamm der Welle nicht herunter, die uns wie einen Surfer erfaßt hatte, wußten aber, daß wir uns von ihr befreien mußten, um nicht an dem Eisbrocken zu zerschellen. Wir paddelten wie die Irren und sahen dennoch für einen Moment, was uns drohte – rechts neben uns riß ein gähnendes Wassertal auf, das zwischen unserem Wellenkamm und dem Eisklotz lag. Rutschten wir da hinein, würde uns der Sog 20 bis 30 Meter hoch die Eiswand hochschleudern und von dort müßten wir herunterfallen wie abgestürzte Bergsteiger. Wir würden zermalmt werden wie Tomaten auf einer vielbefahrenen Straße – aber der Wellenkamm trieb uns vorbei, die gähnende Wasserschlucht schloß sich und der Eisbrocken trieb vorbei. Ein paar Sekunden lang tanzten die Wellen um uns noch herum, dann war die Gefahr überstanden.

Die Angst verlieh uns ungeahnte Kräfte: pro Stunde schafften wir fast acht Kilometer. Noch nie waren wir so schnell gepaddelt, möchten aber in Zukunft darauf verzichten. Lieber ein paar Stunden länger rudern ohne Angst.

Aber der Wind wurde stärker und trieb uns an dem Kap vorbei, das wir ansteuern wollten. Wir mußten

umkehren, was eine gewaltige Anstrengung bedeutete in diesem Sturm. Gabriele rief mir immer wieder zu: „Halt' durch! Komm, wir schaffen es!" Und ich antwortete ihr: „Du willst leben, streng dich an, wir sind gleich an Land!"
Der Wind riß uns die Kapuzen vom Kopf und das Salzwasser ätzte unsere Gesichter. Dadurch platzten die Lippen auf, die Haut brannte und die Augen röteten sich derart, daß ich manchmal kaum etwas erkennen konnte. Endlich lag der Eisgürtel hinter uns und sofort glättete sich das Meer. Wir befanden uns im Fjord.
Normalerweise sind auf einer solchen Tour die ersten Stunden die schlimmsten. Dann muß man zwei- oder dreimal pausieren und seine Arme ausschütteln. Die Muskeln brauchen diese Zeit, um sich ans Paddeln und den Rhythmus zu gewöhnen. In einem solchen Wetter jedoch kann man keine Pausen einlegen, höchstens mal nach zehn Stunden Fahrt. Das machte diese Expedition so über alle Maßen anstrengend.
Wir nützten die Ruhe des Fjordes und fuhren unter Land, an einer Insel vorbei und in den nächsten Fjord rein. Über eine Stunde lang irrten wir umher und konnten die Hütte nicht finden, die unser Etappenziel sein sollte im Vales-Fjord. Waren ein paarmal auf einen Felsbrocken zugefahren, der wie die Hütte aussah, und enttäuscht umgekehrt. Bis wir sie endlich sahen, mit ein paar Tonnen davor und aus Erde erbaut – kein Wunder, daß wir sie nicht entdecken konnten. Sie war auch „dicht" und genau das, was wir nach dieser langen Etappe brauchten. Schnell zogen wir das Boot an Land und schleppten unsere Packsäcke in die Hütte. Wir waren zu erschöpft, um noch Feuer zu machen oder unsere Kleidung zu wechseln und legten uns naß, wie wir waren, in die Schlafsäcke. Gabriele bekam kaum einen Bissen runter und die Anstrengung löste sich bei ihr in einem Weinkrampf.
Kam es vom Salzwasser oder den Temperaturunterschieden – jedenfalls waren unsere Glieder aufgeschwollen, die Hände zu Fleischklumpen verquollen. Statt Beinen hatten wir dicke Stampfer und unsere Gesichter sahen wie verprügelt aus.
Fünf Tage blieben wir hier und haben dabei die total verwahrloste Hütte wieder wohnlich gemacht, den zentimeterhohen Müll weggeschafft und die Pritsche repariert, um leichter schlafen zu können. Aber der Trübsinn blieb: kaltes Wetter, ewiger Regen, dauernder Sturm, feuchte Klamotten, eine klamme Hütte, ein nasser Schlafsack. Nichts trocknet unter diesen Bedingungen.
Unsere Vorräte gehen zu Ende, in diesem Moment besitzen wir noch: zwei Kilo Müsli, 1 kg Zucker, vier Säckchen Tee, drei Riegel Rama, 2 kg Reis, Trockenfleisch für zehn Tage, Frischfleisch für

zwei Tage, eine Dose Leberwurst, sechs Schiffszwiebacke, ein Paket Streichhölzer, eineinhalb Liter Sprit für den Kocher, sechs Liter Petroleum und 3 kg Mehl. Aber das Mehl nützt uns hier nichts, da kein Ofen in der Hütte steht und kein Holz herumliegt, um Feuer zu machen. Wenn wir nicht bald vom Vales-Fjord wegkommen, drohen wir zu verhungern. Jeder Versuch zu fischen, schlägt fehl und wir begreifen, daß es in diesem Fjord keine Lachse gibt. Die schwimmen erst im Oktober nach Norden, aber bis dahin überleben wir hier nicht.
Wir müssen weg, möglichst schon morgen. Wenn die Dünung erträglich ist. Wenn wir ums Kap Moltke kommen, können wir in einen geschützten Fjord einbiegen und Skjoldungen ansteuern. Das ist eine geschützte Landschaft mit Bergen von 1000 bis 2000 Metern dahinter. Ganze 23 Zentimeter liegt Skjoldungen entfernt, das sind 65 Kilometer. Da gibt es einen Lachsfluß mit einer Hütte, hat man uns gesagt. Da müssen wir schnellstens hin. Ich rationiere die Vorräte: Es gibt nur noch einen Löffel Tee pro Mahlzeit und einen Löffel Zucker in den Tee. Morgens wird nur noch Müsli gegessen, und zwar trocken, weil man dann mehr kauen muß und weniger ißt. Hunger packt uns und wir bleiben sogar länger im Schlafsack, weil wir dann die Magenschmerzen weniger spüren. Zwei Kilo Müsli besitzen wir noch – das bedeutet fünf Tage Nahrung. Aus dem Fleisch wollen wir eine Brühe machen, damit es länger reicht, und den Zwieback sparen wir uns als allerletzte Notration auf.
Eine komische Sache ist das: auf dem Meer beten wir, endlich Land zu erreichen, und als wir es erreichen, drohen wir zu verhungern und wollen so schnell wie möglich aufs Meer zurück. Wir beide wissen, daß wir diese Expedition nie angetreten hätten, wenn uns klargewesen wäre, wie lebensgefährlich sie ist.
Gabriele überlegte immer wieder, was wir an Verpflegung hätten einpacken können, wenn wir nur die Fotoausrüstung und das schwere Tonbandgerät zu Hause gelassen hätten. „Zwei bis drei Säcke Nahrung mehr“, meint sie. Müsli, Brot, Fleisch. Nutzlos und wenig nahrhaft liegt der technische Kram jetzt vor uns.

*

Sonntag, der 10. September, 7 Uhr morgens: Wir sind gestartet. Bei Höchststand der Flut, klarem Himmel und strahlendem Sonnenschein. Das Wasser ist ruhig und plötzlich entdecken wir an der gegenüberliegenden Fjordspitze zwei weitere Hütten, die uns bisher nicht aufgefallen waren. Wir ruderten sofort dorthin, um vielleicht ein paar Lebensmittel zu finden, sahen aber schon vom Wasser aus, daß die Hütten zerfallen waren.

Das Treibeis, das uns jetzt begegnet, ist weich und matschig, aber draußen vor dem Kap wird die Dünung stärker, die Wellenkämme klettern bis auf zehn und 15 Meter. Ein ums andere Mal bedauerten wir, daß der norwegische Skipper mit seinem Versorgungsschiff nicht wieder, wie versprochen, nach einer Woche in Patsaik aufgetaucht war, um uns bis nach Tingmiarmiut mitzunehmen. Was hätte uns das an Angst und Kraft erspart. So hatten wir zudem eine Woche durch Warten verloren.

Nach zwei bis drei Stunden im offenen Meer beruhigte sich die Dünung, der Wind ließ nach und wir riskierten es, einen kleinen Fjord anzusteuern, um mit ein paar Stücken Trockenfleisch den bitteren Geschmack aus unserem Mund zu bekommen. Auch wenn das einen Umweg bedeutete.

Wir merkten dabei, daß wir allmählich zu schwach wurden. Daß uns zum Überstehen wirklich gefährlicher Situationen wahrscheinlich der nötige Mumm fehlen würde. Was auch mit der ungenügenden Ernährung zusammenhängen mochte.

Dabei war die Landschaft hier ein Labsal für das Auge: sanft und grün, mit gelben und roten Farbtupfern (in denen wir Heidelbeersträucher vermuteten), Gebirgsspitzen stiegen bis zu 400 Meter hoch und die Vegetation war von überraschender Üppigkeit. Das machte uns fröhlicher und diese gute Stimmung hielt, da wir anschließend nur noch einmal eine ungeschützte Stelle in der offenen See passieren mußten, sonst dagegen geschütztes, ruhiges Gewässer zu bewältigen hatten.

Der Kajak-Sund kam in Sicht, ein romantischer enger Fjord. So hatten wir uns eigentlich die gesamte Strecke vorgestellt. Jetzt sind auch wieder Vögel zu sehen und unvorstellbar viele Robben. Vor lauter Schauen brauchten wir zwei Stunden für den Kajak-Sund, aber dann fielen die Sonnenstrahlen immer flacher ein und wir mußten uns anstrengen, um noch etwas zu erkennen.

Wir kamen zum Ende des Sundes und sahen eine Öffnung im Fels. Das mußte nach der Landkarte und der Himmelsrichtung die Durchfahrt sein. Aber sie war viel zu schmal, an der Gischt glaubten wir zudem felsige Untiefen in der Mitte der Pforte auszumachen. Nein, das konnte nicht sein! Wir drehten ab und fanden eine Bucht. Aber auch sie bot keinen Ausweg. „Das kann doch nicht sein“, schrie ich, „es muß doch eine Durchfahrt geben“, und rüttelte die vor mir sitzende Gabriele an der Schulter.

Zehn Zentimeter lagen auf der Karte noch vor uns, lächerliche 25 Kilometer. Aber die Uhr zeigte bereits 17 Uhr, wenn wir nicht bald einen Ausweg fanden, mußten wir hier irgendwo übernachten. Im Zelt, bei dieser Kälte und durchnäßt. Und wenn dann noch Sturm aufkommt...

Wir paddelten noch einmal an die schmale Durchfahrt heran und Gabriele hatte die rettende Idee: „Vielleicht heißt das hier nicht umsonst Kajak-Sund. Vielleicht bedeutet das ja, daß die Durchfahrt so schmal ist, daß eben nur ein Kajak durchkommt!"

Das war's. Aber wir erwischten die Ebbe, unser „Nanok" saß mitten im Meer auf Felsen auf und wir mußten aussteigen, um ihn wieder flottzubekommen. Ein merkwürdiges Bild – zwei Menschen steigen mitten im Meer aus und setzen sich auf der anderen Seite der Untiefe wieder in ihr Boot.

In Patsaik sagten sie uns, daß wir am Ziel ein Haus finden würden. Richtig, aber es war undicht und voller Gerümpel. Hier konnten wir nicht übernachten, ich lief los und fand schließlich eine zweite Hütte mit einem Ofen, Tisch und Stuhl und einer großen Holzpritsche. Gabriele packte eine Schaufel und warf die alten Kleider und den Müll, der am Boden herumlag durch die Tür, ich richtete den Ofen her, fand Holz und zündete ein Feuer an. Dann holten wir unser Gepäck aus dem Boot, vertäuten es und kochten uns Fleisch. Zum Nachtisch gab's Mehlfladen mit Zucker. Ich bin dann noch mal auf Holzsuche gegangen, habe alte Bretter und Kistenteile, die halb im Boden versteckt lagen, ausgegraben, auf den Felsen trocknen lassen und die ganze Nacht über das Feuer unterhalten.

20. September, 17 Uhr: Ignatius hatte uns gesagt, es gäbe zwischen dem Kajak-Sund und dem Sehesteds-Fjord eine Bucht mit 13 Häusern. 13 Häuser – die größte Siedlung seit Wochen! „Mange, mange hus", wiederholte er immer wieder. Aber als wir dort ankamen, gab's nicht mal ein Haus. Rechts an der Bucht sollte ein Kohledepot liegen, aber nicht mal das war wahr.

Unsere Lebensmittel reichten nur noch für vier Tage, wir müßten einen Ort finden, an dem wir uns neu verproviantieren konnten. Das Ziel Tingmiarmiut war jedoch nicht vor einer Woche zu erreichen. Wenn alles glattging. Sonst konnten daraus leicht zwei bis drei Wochen werden.

Aber man soll nie aufgeben, ein Irrtum ist immer möglich. Auch hier. Also fuhren wir vorsichtig weiter die Küste entlang. Denn uns war klargeworden, daß dies nicht die Bucht sein konnte, die Ignatius gemeint hatte. Sie war zu klein, um in einer Landkarte vom Maßstab 1:250 000 eingezeichnet zu sein. Die richtige Bucht mit den 13 Häusern mußte dahinterliegen.

„Mange, mange hus." Da war sie. Gabriele jauchzte vor Freude, wir sahen das Kohledepot rechts und 13 Häuser, die allesamt in gutem Zustand waren. Eins war sogar eine Art „Luxusvilla" mit richtigem Wohnzimmer, einem Ofen in einer Küche und – tatsächlich – das Wohnzimmer besaß auch einen

Ofen. Durch das Dach tropfte zwar Wasser, Müll lag herum und es roch muffig, aber es war das beste Haus der bisherigen Reise.
Wir durchsuchten die übrigen Häuser nach Lebensmitteln, fanden aber nur eine Flasche „Lecithin pur" in einem Medizinschränkchen und sechs Tüten Apfelpulver gegen Darmbeschwerden bei Kleinkindern. Nicht gerade üppig, aber wenn man das Pulver schön dick anrührte, kam eine Art Pudding heraus, der gar nicht mal übel schmeckte.
Vielleicht konnten wir Muscheln finden. Wir wanderten am nächsten Morgen den Strand entlang und entdeckten tatsächlich eine Stelle. Hungrig griffen wir bis zu den Ellbogen ins eiskalte Meer und fischten die schwarzen Schalen heraus, schnitten uns die Hände blutig beim Versuch, sie sofort zu knacken, das Jagdmesser wurde stumpf, so hart waren die Schalen, aber wir hatten an die zehn Kilo-Muscheln gesammelt. Große Tiere mit einer Menge Fleisch. Der Vorrat würde tagelang reichen, wir waren gerettet. Zumindest was die Verpflegung betraf.
„Muscheln á la Gallei": Gekocht in Knoblauchsud oder gebraten mit viel Margarine und Mehl. Dazu schwarze Beeren von Sträuchern, die hinter den Häusern wuchsen, und von denen wir ebenfalls einen ganzen Sack voll bunkerten. In einem der Häuser fiel mir ein Kochtopf auf, der auf einem alten Ofen stand. In Deckelhöhe hatte sich eine tranige Schicht verklebt, ich griff hinein, stieß auf ein Vakuum – und darunter lagen vier Fladen Speck, die zwar wahrscheinlich vor vier Jahren gekocht worden waren, aber insgesamt vier Kilo schwer waren, eklig fettig, aber durchgekocht oder gebraten durchaus eßbar.
Skjoldungen hieß der Ort. Mindestens 25 Jahre lang müssen hier 70 bis 80 Menschen gewohnt haben. Es gab eine Niederlassung der „Königlich-Grönländischen Handelsgesellschaft", die wir vermutlich bezogen hatten, und es muß ziemlich rege zugegangen sein, wie die Fotos mit Widmungen andeuteten, die wir in den Häusern fanden: „Vielen Dank für die Gastfreundschaft." Vor allem die Marine muß häufig hier gewesen sein. Aber dann waren die Fischer, Eisbärenjäger und Robbenschlächter weitergezogen, die Häuser waren ausgeschlachtet worden. Skjoldungen wurde zur Geisterstadt.
Abends auf der Holzpritsche ist es mollig warm und wir überlegen, wie wir das verstauen, was wir unterwegs entdeckt haben, als wir einen Stopp einlegten in Kornoq am südlichen Skjoldungen-Fjord.
Es war ein alter Wohnplatz von Eskimos und als wir uns ein bißchen umsahen, fanden wir die erstaunlichsten Gegenstände: eine Schale aus

Speckstein, in der früher mal Fisch oder Fleisch angerichtet wurde. Wir wußten, daß ums Jahr 1830 die ersten Missionare nach Grönland gekommen waren und Küchengerät aus Metall mitgebracht hatten. Die Specksteinschale war also vermutlich weit über 100 Jahre alt. Daneben lag eine Holzschale, in der man vielleicht Beeren aufbewahrt hatte. Einige Funde konnten wir nicht identifizieren – ein Schwimmer für eine Angel, tippten wir, ein Teil eines Kochlöffels, eine Kelle zum Schöpfen von Suppe oder Brei, eine Nähnadel aus Horn, geschnitzte Perlen, ein Stück Narwalzahn, das sich die Grönländer als Gegenstück in den Mund steckten, um Löcher mit dem Fiedelbohrer herzustellen, und ein rundlicher Schleifstein, der aussieht wie ein abgebrochener Finger und wahrscheinlich zum Schärfen von Messerklingen diente.

Wir werden all diese Gegenstände nach Berlin mitnehmen, sorgfältig restaurieren und ausstellen. Im Haus des Missionars fanden wir Watte, Papier und Mullbinden, damit verschnürten wir die Kostbarkeiten stoß- und bruchsicher.

Sechs Tage blieben wir in Skjoldungen, weil das Wetter wieder schlecht wurde. Es regnete in Strömen und das Haus wackelte im Wind. Die Flut stieg viel höher als sonst und unsere Muscheln gingen zur Neige. An eine neue Ernte war bei diesem Wetter jedoch nicht zu denken – da fand ich im Nebenhaus ein Paket Maismehl, das unter einer Schimmelschicht verborgen lag. Ich schnitt mit dem Messer drei Zentimeter weg und entdeckte, daß der Rest genießbar war.

Gabriele hatte ebenfalls Glück, als sie im hinteren Teil einer Schublade Körner fand, wie sie wohl an Hühner verfüttert worden waren. Die brieten wir in der Pfanne, sie schmeckten wie Kaffee-Ersatz und dienten uns als Brotersatz. Das Maismehl hielt drei Tage, wir kochten es und es schmeckte wie Griesbrei, was mit den schwarzen Beeren, die wir rund ums Haus pflücken konnten, eine herrliche Mahlzeit ergab.

Über eine Woche lang kamen wir mit dem gefundenen Proviant aus und brauchten unsere eigenen kärglichen Vorräte nicht anzugreifen. Denn morgen wollen wir aufbrechen und haben uns ausgerechnet, daß sie eigentlich bis Tingmiarmiut reichen müßten.

Gabriele hat die Fleischfladen, die wir noch besitzen, in kleine Würfel geschnitten und auf acht Rationen verteilt, verdickt mit Mehl und Reis und verpackt in Zellophanbeutelchen. Damit müssen wir auskommen bis zum Ende der Expedition – komme, was da wolle.

28. September, ein Donnerstag: Wir paddeln in Richtung Sehesteds-Fjord, müssen dabei den Skjoldungen-Sund auf einer Breite von drei Kilo-

metern queren und fahren in einen Fjord hinein, der nur 300 bis 400 Meter weit sein mag. Er schlängelt sich durch eine Halbinsel, die Königs-Skjolds heißt und hier trat ein, was wir befürchtet hatten – der Fjord war zugefroren. Ganz fein nur, etwa vier bis fünf Millimeter dick, und das Eis brach unter unseren Paddelschlägen wie feinstes Glas und manchmal war es so weich und matschig, daß wir das Gefühl hatten, in Griesbrei zu fahren.

Aber als wir um die nächste Windung kamen, wurde das Eis schwerer, kristallartiger. Es bedeckte die ganze Fläche des Fjordes und wir konnten uns jetzt überlegen, ob wir uns einfrieren lassen wollten oder uns durcharbeiteten.

Zudem begann es zu schneien, was unsere Lage noch gefährlicher machte. Denn der Schnee, der ja aus gefrorenem Süßwasser bestand, schmolz auf der Salzwasser-Eisfläche, schwamm als dicker Brei herum und fror schließlich zu einem undurchdringlichen Mus mit rauher Oberfläche.

Wir stocherten mit unseren Paddeln im Eis, schaufelten wie die Wilden, schubsten, schoben und zogen, rammten die Fläche immer wieder mit der Aluminiumschnauze unseres Kajaks, daß es knackte, knirschte und knallte, und fuhren in dem Bewußtsein, einen Luftballon durch einen Messerkasten zu führen. So scharf waren die Kanten des Eises und so empfindlich die dünne Gummihaut des „Nanok". Gabriele zerschlug vorne das Eis und ich schaufelte es hinter das Boot. Aber das Eis schlug zurück – drückte gegen die Seitenwände, so daß wir manchmal hochgehoben wurden wie von einer Geisterhand. Wie lange halten zwei Millimeter Bootshaut das aus? Wann hören wir das tückische Zischen und Knirschen, wenn die Haut reißt und Wasser in den Kajak eindringt?

Aber unser „Nanok" hielt ohne nennenswerte Beschädigung, es gab zum Glück keinen Wassereinbruch, der in diesem frierendem Wasser, bei null Grad und dichtem Schneetreiben unser sicherer Tod gewesen wäre.

Endlich öffnete sich der Fjord zu einer geraden Linie, der Sog zum offenen Meer wurde stärker und das Eis verschwand. Diese Gefahr war vorbei. Nur noch vereinzelte Schollen schwammen im Wasser, aber die konnten wir einfach wegschieben oder leicht umfahren.

Die Situation war so günstig, daß wir etwas riskierten, wovor uns die Grönländer eigentlich gewarnt hatten: wir nahmen eine Abkürzung ein Stück zurück in Richtung Skjolds-Halbinsel, die normalerweise wegen des starken Auftretens von Packeis unpassierbar ist. Ich überlegte mir jedoch, daß die Gletscher vor allem im Sommer, im Juli, kalben, jetzt hatten wir September und die Abkürzung mochte eisfrei sein.

Ich hatte recht. Nur einige kleine Brocken, die von den Gletschern entlang dieses Ikerasuk-Fjordes stammten, dümpelten im Meer, ich schätzte sie auf eine bis 1,5 Tonnen, und dazu ein bißchen Kleineis, das uns nicht gefährlich werden konnte.
Wir kamen also gut voran, erreichten den Kagsertoq-Fjord, der sehr breit ist, umrundeten die König-Dans-Halbinsel und bogen in den Sehesteds-Fjord ein. Dort, auf einer Insel namens Eberlin, sollte die letzte Hütte vor dem Ziel in Tingmiarmiut stehen.
Wir erreichten sie nachmittags gegen 15 Uhr bei starkem Seegang und sahen die „Hütte": Grundmauern, ein paar Bretter und ein Dach. Ein Dach ohne Haus. Wir verzweifelten bei diesem Anblick, der noch eine Nacht im Zelt androhte. Aber was blieb uns übrig? Also paddelten wir wenigstens an den windgeschützten hinteren Rand der Eberlin-Insel, bauten eine Stunde lang das Zelt auf und waren uns einig: hier mußten wir so schnell wie möglich verschwinden, denn der Schneefall kündigte den Winter an, und im Winter froren die Fjorde zu. So wie wir das gerade erlebt hatten in dem engen Fjord durch die Königs-Skjolds-Halbinsel.
1. Oktober, ein Sonntag: Wir entscheiden uns für den Aufbruch. Ich war vorher auf den Kiputalik-Berg gestiegen und hatte erkennen müssen, daß wir uns der Nähe der halbkreisförmigen Auluik-Insel befanden, die die vielen kleineren Inseln durch ihre Landmasse vor dem Meer schützte. Das war die Erklärung für die geringe Dünung. Tingmiarmiut lag links von uns, oder – um es korrekt auszudrücken – im Süden.
Ich schätzte, daß wir dieses unser Ziel ohne Probleme in einem Tag erreichen konnten, folglich beeilten wir uns nicht sonderlich, starteten statt um 5 Uhr morgens erst um 10 Uhr – und das war einer der größten Irrtümer der ganzen Expedition.
Zwar lag Tingmiarmiut wirklich nur vier Zentimeter auf der Landkarte entfernt, also nur zehn Kilometer, und die ersten fünf Kilometer schafften wir auch spielend; aber dann erwischte uns der „Piterak", der Weststurm, der vom Inlandeis herunterbläst. Er hob das Boot, sobald er es breitseitig erwischte, förmlich aus dem Wasser und schleuderte es durch die Wellen.
Wir wendeten den Bug gegen ihn und gleichzeitig gegen die Wellen, aber es herrschte Flut und die trieb die Eisberge in den Fjord, die jetzt von hinten immer näherrückten, während der „Piterak" unvermindert von vorne blies. Die Eisbrocken waren schneller als unser Boot und überholten uns. In panischer Angst stemmten wir uns in die Paddel, duckten unsere Oberkörper in den Wind – und schienen dennoch stehenzubleiben.
Der Sog der Eisbrocken wurde immer stärker und

einige drehten sich so gefährlich, daß wir mehrmals nur mit Mühe vermeiden konnten, zwischen zwei Blöcken zermalmt zu werden. Oft entgingen wir Zusammenstößen nur dadurch, daß wir mit dem Paddeln aufhörten und uns mit dem „Piterak“ aufs Meer zurücktreiben ließen, wodurch uns die größten Eisklötze ungehindert passieren konnten.
Nach sechs Stunden waren wir noch rund zwei Kilometer von Tingmiarmiut entfernt und versuchten es von Norden her anzufahren, um möglichst schnell zur Wetterstation zu gelangen, wo die Menschen lebten. Was bedeutete, daß uns der „Piterak“ hinterrücks erwischte und wie einen Torpedo nach Tingmiarmiut hineindrückte. Ich mußte erkennen, daß wir auf diese Weise nur tot oder schwerverletzt ankommen würden, vom Sturm gegen die Felsen am Ufer geschleudert.
Wir mußten wieder raus in die Bucht, nach Süden steuern und versuchen, den südlichsten Fjord-Zugang zu nehmen. Es dauerte Stunden, da wir den „Piterak“ nun gegen uns hatten, und da der Wind fast immer von rechts kam, wurden unsere linken Arme unverhältnismäßig belastet. Bei Gabriele bestand allmählich die Gefahr, daß sie das Paddel verlor, weil sie es einfach nicht mehr halten konnte mit der linken Hand.
Ich fluchte und brüllte sie an, um durch Wut ihre letzten Kräfte zu mobilisieren. Sie reagierte sofort darauf und umklammerte das Paddel wie einen rettenden Strohhalm. Heute weiß ich, wie unmöglich das klingt: „Mensch, hör auf, hier so schwächlich rumzulöffeln mit dem Paddel da vorne. Arbeite lieber!“ Aber damals, kurz vor Tingmiarmiut war es genau der richtige Ton.
Eigentlich hatten wir weiterfahren wollen als nur bis hierher. Aber der Winter war hereingebrochen und wir besaßen keine Kraft mehr für ihn. Die Ostküste Grönlands fror jetzt bis zur Südspitze zu und wir mußten in Tingmiarmiut aufgeben, wo wir schließlich um 18 Uhr ankamen – nachdem wir für zehn Kilometer acht Stunden gebraucht hatten.
Beide waren wir völlig entkräftet, die Arme schmerzten uns von den Schulterblättern bis in die Fingerspitzen, die Hintern waren wund gesessen, wir spürten jede Muskelfaser unseres Körpers.
Als wir um eine Felsnase bogen und Tingmiarmiut vor uns sahen, erschien uns sein gelbes Nebellicht wie der Stern von Bethlehem den drei Königen aus dem Morgenland. Licht – das bedeutete Menschen, das war die Rettung. Es ist plötzlich egal, ob das Paddel einen Riß hat oder die Gummistiefel undicht geworden sind.
Ich behaupte, daß so eine Expedition in keinem Teil der Welt mehr möglich ist. So aufs Geratewohl, mit eigener Kraft, ohne Hilfe durch andere, ohne Assistenz aus der Luft, ohne Funkkontakt,

Seite 73: Durchblick durch einen Eisklotz. Wie ein verspielter Künstler hatte hier das Meer Löcher in einem riesigen Eisklumpen ausgehöhlt und ihn zu einem Eis-Tilsiter geformt.
Seite 74: In Kitermit entdeckten wir ein offenes Grab mit den Gebeinen von vier Menschen, die, so schienen uns Schädelverletzungen und beiliegende Harpunenspitzen zu beweisen, offensichtlich keines natürlichen Todes gestorben waren. Noch heute werden wegen des felsigen Untergrundes die meisten Gräber nicht unter, sondern mittels Sand und Steinen auf der Erde angelegt.
Seite 75: Sippenhaus in Patsaik. Das Eisbärfleisch wird im Kessel wegen der Trichinengefahr mindestens zwei Stunden gekocht.
Seite 76: Skatspiel im Sippenhaus. Als Einsatz gelten großkalibrige Patronen. Tobias, bislang erfolgreichster Spieler, strahlt, während neben ihm der Primuskocher als Licht- und Wärmequelle dient.
Seite 77: Pflanzenwelt auf Grönland. Kleine Tümpel sind geliebte Trinkwasserquellen.

Seiten 78/79: Eisige Kälte lag über dem Kajaksund zwischen Patsaik und 13-Häuser. Ihren Namen verdankt die Bucht der Besonderheit, daß sie nur über einen ein Meter breiten Streifen Fahrwasser vom Meer aus erreichbar ist. Eine Breite, die Motorbooten die Zufahrt verbietet, Kajaks aber die Einfahrt gewährt – wenn man sie findet. Wir suchten eine Stunde.
Seite 80: Ein typischer Fjord der Ostküste.
Seite 81: 13-Häuser. 1950 wurde diese Ortschaft aufgegeben. Davor aber war sie Heimat für 13 Sippen, die alle vier Wochen durch einen Eisbrecher von Angmagsalik aus versorgt wurden.
Seiten 82/83: Handlungen, die sich immer wiederholten und zur Routine wurden – Paddeln, Reparieren und Flicken, Checken des Bootes, Kochen sowie das Auf- und Abbauen des Lagers.
Seite 84: Während die Grönländer ihr Leben lebten und auch genossen, kämpften wir um das unsrige. Das Boot sicher vor der Flut weit genug im Land vertäut, suchten wir durch Jagdbeute unseren Hunger zu stillen. Und töteten, um zu überleben.
Seite 86: Das ständige Kotrollieren der Materialien ist in der Wildnis unbedingte Voraussetzung fürs Überleben. Wir beobachteten an uns selbst, wie sich unsere Kultur allmählich vermischte. Am Handgelenk noch die Rolex-Uhr – um den Hals einen Glücksbringer aus Narwalzahn, an dessen Wirkung wir glaubten.
Seite 87: Wenn wir trockenes Moos fanden, heizten wir unseren Trangia-Kocher damit, um Petroleum zu sparen.

nur mit dem, was man mitnehmen konnte im eigenen Boot, ohne Chance auf Nachschub oder Ersatz. Tausend Kilometer an Grönlands Ostküste, gesund nach Hause zu kommen und die Expedition in Bild und Ton dokumentieren zu können – plötzlich sind wir glücklich.

*

Tingmiarmiut: Ib, der freundliche Funker, hat uns eben ein Telegramm der „Zentralen Fluggesellschaft" in Godthåb durchgegeben: morgen werden wir mit einem Hubschrauber abgeholt. Wir die „Kajakfolken", wie sie uns nennen – die Kajak-Leute.
Es ist der 5. Oktober, 18.30 Uhr. Die Reise ins Land der „Menschen" ist zu Ende, wir haben überlebt und beginnen bereits die Strapazen zu vergessen.
Die Eltern, Geschwister und Freunde sind bereits verständigt und erwarten uns. Wir werden noch eine Nacht im „Arktis"-Hotel in Narsarssuaq verbringen und dann über Kevlavik in Island und Kopenhagen nach Hause fliegen.
In zwei Tagen sind wir in Berlin.

Menschen – und Leute aus dem Süden

Das Wort *Eskimo* ist die Verballhornung eines indianischen Begriffes für die Menschen der Arktik. Wörtlich übersetzt bedeutet es: „Rohfleischesser." Die Eskimo selbst bezeichnen sich schlichter: als *Inuit*, was einfach „Menschen" heißt.
Der weiße Mann glaubte lange Zeit, er sei „Der mit den buschigen Augenbrauen". Zumindest klang das Inuit Wort *Kabluna* so. Das würde zwar dem Eindruck entsprechen, den die Eskimos vom weißen Mann haben, ist aber dennoch falsch.
Der weiße Mann heißt eigentlich *Gavlunaaq*, was nur abgeschliffen wurde zu *Kabluna*. Und *Gavlunaaq* bedeutet „Der aus dem Süden kommt". Denn für die Grönländer, die den weißen Mann zuerst erblickten, kam er aus dem Süden. Mehr noch: es kamen nur weiße Männer aus dieser Himmelsrichtung. Also blieb der Name haften.

Sedna, die Herrscherin über die Tiere

Man jagt nicht mehr mit der Harpune in Grönland. Vielleicht tun das einige wenige noch irgendwo in einer unwegsamen Region, aber die benützen dann auch noch den Kajak, während die meisten Jäger ein Gewehr mit Zieleinrichtung, Dum-dum-Geschosse und Boote mit starkem Außenbordmotor besitzen.
Seehunde, Eisbären und Fische, auch Wale, sind die Hauptbeute der Grönländer. Diese Tiere sind ihre Nahrung, denn es ist zu teuer, Fleisch von Rindern oder Schweinen nach Grönland zu transportieren.
Für jeden Eskimo besitzt ein Tier einen Geist. Eine Seele, die besänftigt werden muß, zumindest nicht verletzt werden darf.
Beim Schlachten einer Jagdbeute erlebt man häufig, wie ein Familienoberhaupt den Kopf, das Herz und die übrigen Innereien ins Meer zurückwirft. Man darf nun nicht glauben, der Grönländer hätte keine Verwendung für diese Körperteile – sie sollten die Meeresgöttin Sedna beschwichtigen, die die Herrscherin aller Tiere ist. Denn die Seele jedes getöteten Tieres flüchtet zu Sedna und muß berichten, ob der Mensch sie gut behandelt hat oder schlecht.
Danach entscheidet die Meeresgöttin, ob die Seelen zu neuen Tieren werden dürfen, oder ob sie eingesperrt werden unter dem Meer, so daß es auf Erden keine Tiere mehr gibt, die der Mensch erlegen kann.
Dann bricht eine Hungersnot aus und die Menschen müssen sterben.

30 Sorten Schnee – und nur eine Blume

Schnee ist für uns Schnee. Nicht für Eskimos, die bis zu 30 Bezeichnungen für Schnee kennen.
Da gibt es den *Igluqsak*, der – wie man heraushören kann – so fest ist, daß man Iglus mit ihm bauen kann. Was unmöglich ist mit *Pukak*, einem Schnee von Zucker-Konsistenz. Es gibt den feuchten Frühlingsschnee *Masak* und den federleichten, eben gefallenen *Ganik*. *Mauya* ist weicher, tiefer Schnee und *Piqtuq*, jenes Gestöber, das bei Sturm durch die Luft wirbelt.
Die Schneesorten präzise unterscheiden zu können, ist im Eskimoland lebenswichtig. Denn wer erfährt, daß am Tagesziel nur *Aqilluqqaq* liegt, zwar fester, aber nicht zu Blöcken schneidbarer Schnee, der weiß, daß er die Nacht ohne sichere Unterkunft in einem Iglu verbringen muß.
So ausdrucksstark die Eskimo-Sprache bei Schnee ist – für Blumen, ob nun groß mit lila Blüten oder winzig und gelb, gibt es nur das Wort *Nauttiaq*. Für Blumen, das ist die Erklärung dafür, hat der Eskimo eben keine Verwendung.

Seiten 90/91: In der verlassenen Ortschaft „13-Häuser" zeugen blecherne Benzin- und Ölfässer von dem einstigen Treiben. Noch stehen die modernen Iglus, die Häuser der ehemaligen Bewohner.

Wehe dem Waisenkind!

„Verwandtschaft" ist ein Schlüsselwort für jeden *Inuit*. Treffen sich zwei Eskimos irgendwo in der Wildnis, werden sie sich zusammensetzen, ein „Mug Up" feiern (wie ihre kanadischen Brüder einen gemeinsamen Umtrunk nennen) und herauszufinden versuchen, ob sie miteinander verwandt sind.
Die Gründe sind vielfältig, die Möglichkeit der Blutrache spielt keine geringe Rolle. Denn ein *Inuit* ohne Anhang gilt als äußerst gefährdet und verletzbar. Denn er kann straflos gemordet werden, da es niemanden gibt, der ihn rächen kann.
Um solche Situationen zu vermeiden, nehmen die Eskimos auf längeren Reisen stets ihre Frauen mit. Als Rückversicherung tauschen sie sie mit Männern, die ihnen begegnen. Weil dies zu einer achtbaren „verwandtschaftlichen" Beziehung führt.
Der Liebhaber der Frau und seine Familie müssen nun den Ehemann rächen, sollte er umkommen.
Ähnlich großzügig und genial wurde nach der Geburt eines unehelichen Kindes verfahren. Da die Kinder immer der Mutter gehören, ist es für die *Inuit* ziemlich bedeutungslos, wer der Vater ist. Erst wenn das Kind alt genug ist, um seine Herkunft zu begreifen, wird ihm sein wahrer Vater ge-

nannt. Dies jedoch nur aus einem einzigen Grund: um Inzeste zu vermeiden.
Klar – wenn es so problemlos ist, Verwandte zu erwerben und Kinder mit anderen Frauen in die Welt zu setzen, ist die Gefahr des Inzest stets gegeben.

Vom Umgang mit Eisbären

Ein Grizzlybär ist zehnmal gefährlicher als ein Eisbär. Sagen die Eskimos, die auch wissen, daß ein Bär einen fliehenden Menschen in etwa sechs Sprüngen eingeholt hat.
Die *Inuit* achten, sollte ihnen wirklich mal ein Eisbär in auswegloser Situation begegnen, vor allem darauf, ob er „Rechts- oder Linkshänder" ist. Denn jeder Bär bevorzugt eine bestimmte Pranke. Kennt man die, kann man ihr ausweichen und sich zur schwächeren Tatze hindrehen, so daß der Bär erst eine Körperdrehung ausführen mußte, um seine „Schlaghand" einsetzen zu können.
Früher, als Eisbären noch mit dem Messer oder dem Speer gejagt wurden, konnte diese Sekunde das Leben retten – das Leben der *Inuit*.
Die Eskimos besitzen im übrigen eine simple Methode, das Alter eines Eisbären festzustellen, zumindest bis zu neun Jahren: die Krallen bestehen aus einer Folge von helleren und dunkleren Streifen, die man nur abzuzählen braucht. Daß das Verfahren nur bis zum 9. Jahr funktioniert, liegt daran, daß sie danach durch ständigen Gebrauch abgenützt sind und eine exakte Altersbestimmung unmöglich wird.

Eskimos küßten ganz anders

. . . aber keineswegs so, wie man sich das immer vorstellt. Also nicht, indem sie die Nasenspitzen aneinander rieben, sondern die Nasenflügel. Was einem Kuß unserer Art sehr nahekommt, nur hygienischer und zärtlicher ist. Heute allerdings hat sich auch bei ihnen die „unhygienische" Art durchgesetzt.
Eine andere Art, zwischengeschlechtliche Beziehungen herzustellen, ist ein weibliches Signal: Kratzt ein Mädchen die Innenseite des einen Fußes mit dem großen Zeh des anderen Fußes, so zeigt es an, daß es einem Flirt nicht abgeneigt ist.
Ein uraltes „Wort" in der Körpersprache der *Inuit*.

Die letzten Iglus – und wie man in ihnen lebt

Die Kunst, einen Iglu zu bauen, stirbt aus. Aber es gibt immer noch Eskimos, die so ein Haus aus Schneeblöcken innerhalb von 30 bis 40 Minuten

Gustav Holm fotografierte 1884 Einwohner Angmagsaliks vor ihren Sommer-Behausungen. Für uns erstaunlich ist vor allem die spärliche Bekleidung in diesen Breitengraden.

◁ Grönland auf einer holländischen Karte des 16. Jahrhunderts.

Seite 95 links oben: Der deutsche Missionar Hans Egede.
Rechts oben und links unten: Inuit in Angmagsalik, aufgenommen von Gustav Holm.
Rechts unten: Nach der Landkarte des deutschen Missionars Hans Egede suchten wir alte Siedlungen – und fanden sie.

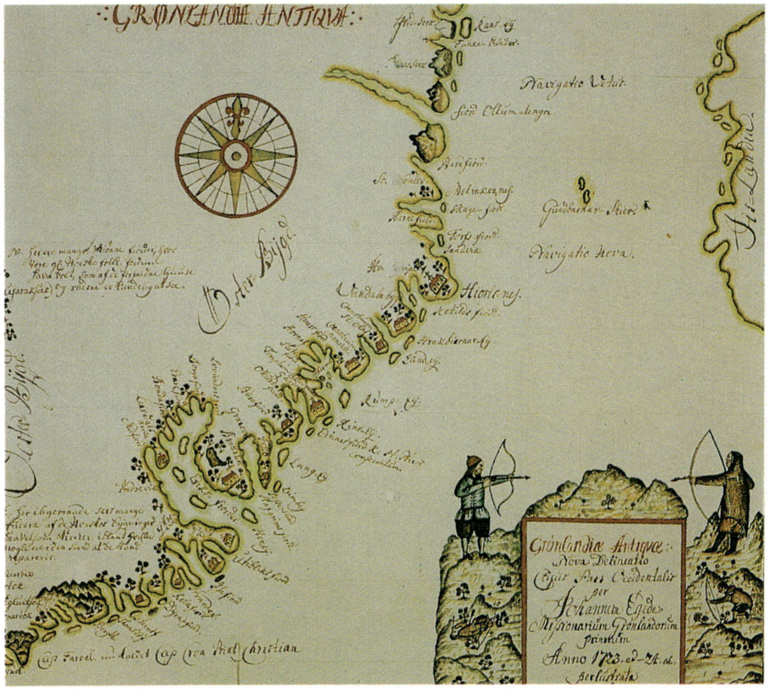

Navigatio Vetus
Navigatio Nova
Grönlandiæ Antiquæ:
Nova Delineatio
per
Johannem Egede
Missionarium Grönlandorum
Anno 1723.

errichten können. Für gewöhnlich jedoch schütteln die „Inuit“ ihre Köpfe, wenn man sie bittet, für Fotos oder Filmaufnahmen die aussterbende Kunst noch einmal vorzuführen.

Eine Kunst, die schon immer ein Kompromiß war, und wenn in einigen Büchern behauptet wird, die Alten bedauerten es, daß die Jungen kein Schneehaus mehr bauen könnten, so ist das Unsinn. Das schreiben Leute, die nie in einem Iglu gewohnt haben, und nie Leute getroffen haben, die in einem wohnen mußten.

Natürlich kann ein Iglu, so wie es in den romantisierenden Legenden beschrieben wird, warm und gemütlich sein. Ihn zu haben ist besser, als schutzlos im Freien zu übernachten. Aber ein Eskimo, der eine richtige Hütte kennengelernt hat, wird freiwillig nie mehr in ein Schneehaus zurückkehren. Vor allem nicht im Frühjahr, wenn Iglus schmelzen und die Bewohner dauernd damit beschäftigt sind, ein Leck in der Wand oder an der Decke mit einer Faust voll Schnee zu stopfen – bis sich der Ball vollgesaugt hatte mit Feuchtigkeit und wie ein nasser Wattebausch zu Boden fiel. In dieser Jahreszeit pflegte man die obere Hälfte eines Iglu abzureißen und eine Plane darüber zu decken. Dieses veränderte Schneehaus trug den Namen *Nallaqtaq*.

Der Vorteil eines Iglu lag in der Einfachheit seiner Konstruktion, die zudem ohne jeden materiellen Verlust jederzeit verlassen werden konnte. Ein Schneehaus kostete nichts außer Mühe und konnte, wenn „Iglu-Schnee“ vorhanden war, immer und überall errichtet werden. Es gab jedoch Eskimos, die nie einen Iglu benützten, weil sie in einem Gebiet lebten, das genügend Holz lieferte, um stabilere Unterkünfte zu bauen. Es ist die romantisierende Legende des weißen Mannes, die sich einen Eskimo ohne Iglu nicht vorstellen kann – so wenig wie einen Araber ohne Kamel oder einen Inder ohne heilige Kuh.

Es gibt kleine und riesige Iglus. Auf der Jagd errichtet man, nur für eine Nacht, Schneehäuser mit zwei bis drei Meter Durchmesser. Ein Iglu für Versammlungen oder Feste konnte einen Durchmesser von 15 Metern besitzen und war bis zu fünf Meter hoch. Die Innenwärme verschaffte ihm einen Eispanzer, der den *Qalgi,* wie die Eskimos so einen für ihre Verhältnisse gewaltigen Bau nannten, derart stabilisierte, daß ein erwachsener Mann auf ihm stehen konnte, ohne daß er einbrach.

Wer zum ersten Mal in einem Iglu schlafen soll, legt sich fast automatisch so hin, daß der Kopf an der Wand zu liegen kommt und die Füße zur Mitte zeigen. Was natürlich falsch ist, und sei es nur aus einem Grund: am Morgen kann einer, der mit dem Kopf zur Mitte schläft, Feuer machen ohne aus sei-

nem Schlafsack kriechen zu müssen; er kann im Liegen den Teekessel aufsetzen und das Getränk aufgießen. Er stört dabei keine anderen Iglu-Bewohner durch Herumgehen und friert auf diese Weise auch nicht.
Die Einrichtung eines Iglu ist einfach, d.h. sie besteht eigentlich nur aus flachen Plattformen statt Betten. Diese haben den Vorteil, daß sie die Schläfer aus der gerade in einem Schneehaus vorhandenen Bodenkälte heben und tagsüber als Bank zum Sitzen dienen können.

Ein Mörder namens Aqsuq

Gewalttätigkeit gehört seit jeher zum Lebensstil der Eskimos. Man verkrüppelte ein Tier bei der Jagd, um es an der Flucht zu hindern, und setzte weibliche Babys der Kälte aus, damit sie erfroren und der Familie nicht zur Last fielen. Die Witwe eines Mannes, dem ein Bär den Kopf vom Rumpf gerissen hatte, wird kaum mehr sagen als: *„Ayurnarmat“* – Da kann man nichts machen.
Ein Leben gilt den Eskimos nicht weniger als uns, aber er führt es stoischer, da er viel stärker als die meisten Menschen damit rechnen muß, eines gewaltsamen Todes sterben zu müssen – oder mit einem Mord beauftragt zu werden. So wie es dem stillen und freundlichen Uqsina erging.
Da gab es einen bulligen Jäger mit Namen Aqsuq, von dem bekannt war, daß er eine ganze Reihe von Männern getötet hatte, darunter den Vater und einen Bruder von Uqsina. Eines Tages bekundete Aqsuq Interesse an einer Frau und nahm sie sich einfach, obwohl sie verheiratet war. Ihr Ehemann protestierte – und Aqsuq brachte ihn um. Da er befürchtete, die Nachbarn und Freunde des Ermordeten könnten sich gegen ihn stellen, drohte er dem ganzen Dorf, warnte die Bewohner vor seiner eigenen Gefährlichkeit, und tatsächlich blieb seine Tat lange Zeit ungesühnt.
Aber schließlich wurde eine Dorf-Versammlung einberufen und man beschloß, Aqsuq hinzurichten. Was nicht ungewöhnlich ist in der Arktis. Man beschließt häufig gemeinsam, wie Probleme zu lösen und „Troublemaker“ zu behandeln seien. Wenn es um eine Hinrichtung ging, mußte sie meist der nächste Verwandte des Opfers ausführen, da auf diese Weise eine Blutrache vermieden werden konnte.
Für uns unbegreiflich, wird nicht selten der eigene Sohn zum Henker seines Vaters bestimmt. Natürlich führt dieser die Hinrichtung nur mit äußerstem Widerwillen aus, aber hat keine Chance, den Auftrag des ganzen Dorfes abzulehnen.
In einem Fall konfrontierte der Sohn den Vater mit dem Urteil und bot ihm an, daß er zwischen Er-

schießen und Erwürgen wählen könne. Der Vater akzeptierte das Todesurteil der Gemeinschaft, die ihn nicht mehr haben wollte, und sagte dann zu seinem Sohn: „Erschieße mich, aber hinterrücks, damit ich nicht mit ansehen muß, wie du es tust!" Da nahm der Sohn das Gewehr des Vaters und tötete ihn durch einen Schuß in den Hinterkopf.

Im Falle von Aqsuq hielt man Uqsina für den geeigneten Henker, obwohl dieser mit Aqsuq nicht verwandt war. Aber dieser hatte den Vater und einen Bruder Uqsinas umgebracht.

Uqsina war unglücklich über die Entscheidung. Aber dann ergab sich eine günstige Gelegenheit zur Ausführung der Tat während eines gemeinsamen Jagdausflugs. Sie war derart problemlos, daß andere Männer Uqsina warnten: würde er es nicht jetzt tun, würden sie es machen. Was ihn in der Dorfgemeinschaft entehren mußte, da es als ehrenvoll empfunden wurde, derartige Aufträge zum Wohle aller auszuführen.

Nach den ungeschriebenen Gesetzen der Eskimos war es durchaus legal, Verbrecher oder Geistesgestörte umzubringen. Uqsina schlich in Aqsuqs Zelt, entsicherte sein Gewehr und wartete. Auf sein Opfer, das – so hatten die anderen Männer gemeldet – einen Schlittenhund einzufangen versuchte, der sich losgerissen hatte.

Als Aqsuq sich bückte, um die Zeltklappe zurückzuschlagen um seine Behausung zu betreten, feuerte Uqsina und tötete sein Opfer durch Genickschuß.

Es resultierte keine Blutrache aus dieser Hinrichtung. Die Angehörigen Aqsuqs sannen zwar auf Rache gegen den Henker, aber da sich das ganze Dorf gegen sie stellte, führten sie sie nie aus.

Die Eskimos unterscheiden genau zwischen Mord und Totschlag. Mord ist für sie, wenn einer tötet, ohne provoziert worden zu sein oder ohne triftigen Grund. Totschlag ist alles andere – und endet in der Regel als Blutrache, in deren Verlauf Dutzende von sinnlosen Tötungen vorkommen können. Es ist bekannt, daß Familien quer durch die halbe Arktis flohen, um den Konsequenzen einer solchen Fehde zu entgehen, der sie nach den ungeschriebenen Gesetzen der Eskimos unterworfen wären. Sie wollten weder töten, noch getötet werden. Sie entzogen sich dem Gesetz durch die Flucht. Denn nicht selten starben allein in einer Generation bis zu zehn Personen durch diese Wechsel-Morde.

Uqsina selbst hatte bereits vor der Hinrichtung Aqsuqs Gewalttätigkeit kennengelernt, auch wenn er nie zuvor getötet hatte.

Seine Frau war in erster Ehe mit einem Mann verheiratet, den sie nicht mochte. Sie wollte zu Uqsina ziehen, der ihr besser gefiel, erschoß deshalb ihren Mann und heiratete Uqsina.

Der Sohn, den sie mit dem Ermordeten hatte, wußte, wie sein Vater ums Leben gekommen war, es störte ihn jedoch nicht. Das mußte die Mutter mit sich ausmachen und so sah er kein Problem darin, bei seinem Stiefvater zu leben.
Blutrache resultierte häufig aus Problemen zwischen Männern, die sich eine Frau beschaffen wollten. Denn diese waren in der Minderzahl. Was mit daran lag, daß Familien, die ihre bisherige Kopfzahl kaum ernähren konnten, nur männliche Nachkommen am Leben ließen – denn diese würden Jäger werden, zur Versorgung beitragen und im Alter für die Eltern sorgen. Mädchen dagegen waren unnütze Esser, die noch dazu nach ihrer Verheiratung ihrer ursprünglichen Familie verlorengingen.
Nach den Gesetzen der Eskimo war die Tötung eines Kindes zudem kein Vergehen, so lange es nicht einen Namen erhalten hatte.
Andererseits war ein Leben ohne Frau in der Arktis kaum denkbar. Da es jedoch so wenige heiratsfähige Mädchen gab, mußte sich ein Mann eine Frau oft mit Gewalt nehmen, das heißt: stehlen, oder ihren Mann umbringen.
Sexualität spielte bei der Notwendigkeit, eine Frau zu besitzen, eine untergeordnete Rolle. Viel wichtiger war es, jemanden zu haben, der das Haus in Ordnung hielt, die Kleidung ausbesserte, das Jagdgerät versorgte und kochte. Der Jäger mußte, nachdem er oft wochenlang im Gelände hinter seiner Beute herschlich, irgendwohin nach Hause zurückkehren können und wollte erwartet werden.
Wenn nicht die Gemeinschaft eine Hinrichtung beschließt, halten die Eskimos Mord oder Totschlag für eine Privatangelegenheit. Genauso sah es der Stiefsohn von Uqsina, dessen Frau ihren ersten Mann getötet hatte – seinen Vater. Es kann vorkommen, daß ein Mann getötet wird und sein bester Freund nur mit den Achseln zuckt: es geht ihn nichts an, so traurig er auch immer sein mag. Aber es war eine Angelegenheit zwischen dem Opfer und seinem Mörder...
Daß sich auch Gerichte unter Vorsitz weißer Richter dieser Eskimo-Logik nicht verschließen können, zeigt eine Episode, die im arktischen Kanada geschah.
Ein Mann namens Angulaalik erwischte einen 13jährigen Jungen beim Stehlen, verpaßte ihm ein paar Ohrfeigen und warnte ihn, es nicht noch einmal zu versuchen. Beim nächsten Dorftanz bedrohte der bereits stark angetrunkene Vater des Jungen Angulaalik und versuchte ihn zu verprügeln. Der jedoch, da er viel kleiner und schwächer war, zog sich in seine Hütte zurück und kehrte erst spät in der Nacht zum Tanz zürück, als er glaubte, der Vater habe sich bereits zurückgezogen.

Der war jedoch noch da, und noch stärker betrunken, griff Angulaalik an und der wehrte sich mit einem Stich in den Bauch des Angreifers. Die Waffe war nur ein Taschenmesser, aber die Wunde war tief und blutete stark. Der Vater des Jungen geriet in Panik, nahm seine Hände vom Bauch weg – und die Eingeweide fielen heraus. Schreiend lief er auf sein Haus, fiel immer wieder hin und starb am frühen Morgen.

Niemand war dem Opfer zu Hilfe gekommen. Aus zwei Gründen: zum einen ist das Blut eines Sterbenden tabu, zum anderen wollte keiner in eine Blutrache hineingezogen werden. Außerdem betrachteten sie den Vater des Jungen als Selbstmörder – die Verletzung war zwar schwer, aber keineswegs lebensgefährlich. Wäre das Opfer nicht in Panik geraten und hätte seine Eingeweide verloren, wären seine Überlebenschancen gut gewesen.

Angulaalik wurde verhaftet und vor Gericht gestellt. Aber ohne Strafe zurückgeschickt in sein Dorf. Der Richter fällte keinen Urteilsspruch – und es blieb offen, ob Angulaalik so milde behandelt wurde, weil er in Notwehr gehandelt hatte, oder ob sich der Richter der Meinung der Zeugen anschloß, daß der Tote nicht hätte sterben brauchen, wenn er klüger gewesen wäre.

Ein paar Tricks der Inuit

Ein Volk, das derart in der Natur leben und täglich ums Überleben kämpfen muß, hat naturgemäß einen Schatz an Wissen angesammelt, dem wir nur voller Bewunderung gegenüberstehen können. Wobei ihr Umgang mit der Kälte in einigen Fällen überhaupt nicht mit dem übereinstimmt, was wir glauben, erfahren zu haben.

Da heißt es in unseren Breiten, gegen Kälte helfe es, sich mit Schnee einzureiben. Im Land der „Menschen“ gilt das als eine unsinnige Methode, denn die im Schnee vorhandenen Kristalle reißen durch Erfrierungen besonders empfindlich gewordene Haut auf wie Sandpapier.

Die Eskimos behaupten, Erfrierungen oder verkühlte Gliedmaßen behandle man am besten dadurch, indem man sie in kaltes Wasser stecke.

Die „Inuit“ schütteln auch den Kopf über den weißen Mann, der mit dichtem Bart anreist und glaubt, durch diesen „Gesichtspelz“ besonders raffiniert gegen das kalte Wetter geschützt zu sein. „Die sind unwissend“, sagen sie, „das sind Leute, die sich nicht im Freien bewegen“. Bärte akzeptieren sie nur, wenn keine Gelegenheit besteht, sich zu rasieren.

Der Grund ist, daß sich die Atemluft in den Bärten fängt und sofort zu Eis friert. Was nicht zu einem

schützenden Panzer führt, sondern die eh empfindliche Gesichtshaut aufreißt und die Gefahr von Erfrierungen erhöht. Nicht ohne Grund hat es die Natur so eingerichtet, daß Eskimos nur über spärlichen Bartwuchs verfügen.
Im übrigen hüten sich die Eskimos davor, Erfrierungen oder ausgekühlte Körperteile zu schnell in die Wärme zu bringen. „Daß ist das schlimmste", sagen sie. Sie behandeln Frostbeulen so vorsichtig wie ein Taucher das Problem der Dekompression, wenn er aus großer Tiefe an die Wasseroberfläche zurück will.
Eine ungewöhnliche Methode kennen die „Inuit", um auf einfachste Weise auszurechnen, wie groß ein Mensch ist – sie messen seinen Kopfumfang. Denn der, so lehrt sie jahrhundertelange Erfahrung, ist genau ein Drittel seiner Körpergröße.

Seite 98: In diesem rot gestrichenen Haus in „13-Häuser" fanden wir Schutz.
Seite 99: „13-Häuser" unaufhörlich verrottet der verlassene Ort.
Seiten 102/103: Das grönländische Inlandeis zwischen Tingmiarmiut und der Westküste vom Helikopter aus gesehen.
Seite 106: Auch im Winter trocknen die Inuit ihre Wäsche im Freien – und sie trocknet und wird tatsächlich samtweich.
Seite 107: Gaba Taunajik, von Beruf Kunstlehrer und Jäger, ist eine der führenden Personen der kommunalen Verwaltung in Angmagsalik.

Der Mann, der in die Kälte geht

Nur ein einziges Mal hat er seinen Mund richtig weit aufgemacht im arktischen Winter. Das war am Yukon in Kanada, etwa auf der Höhe von Godthåb in Grönland und Jakutsk in Sibirien, an einem Januartag um 16.30 Uhr, und da sind ihm die Bakkenzähne gesprungen. Den abgesplitterten Schmelz hat er ausgespuckt, die übriggebliebenen Zacken schliff ihm sein Indianer-Faktotum mit einer Nagelfeile stumpf, weil er sich sonst an ihnen sehr bald die Zunge aufgeschlitzt hätte. Eine ekelhafte Verletzung bei 61,5 Grad unter Null. Aber was hat er seine Klappe auch so weit aufreißen müssen, der Kühle Konrad.

Konrad Gallei, 63 Kilo schwer, 1,72 Meter groß, Jahrgang 1949. Ein ausgestiegener Beamter des mittleren Dienstes beim Bezirksamt Berlin-Tiergarten, heute freischaffend-abenteuernder Fotojournalist.

„Unser Konrad ist halt etwas versponnen", versuchte ihn seine Mutter schon vor 25 Jahren zu entschuldigen, wenn die Nachbarinnen petzten, daß der Sprößling wieder mal den ganzen Schnee im Hinterhof zusammengekratzt habe und mit Kerze in einer Art Iglu sitze.

„Laß ihn man", antwortete dann jedesmal der Vater, ein Elektromonteur. „Solange er ein wirkliches Interessengebiet hat, soll er ruhig in seinem Eis hocken." Und da sitzt er heute noch.

Kälte. „Ein relativer Mangel an fühlbarer Wärme, ein Zustand niedriger Temperatur", sagt der *Brockhaus*. Die tiefste mögliche Kälte ist der absolute Nullpunkt bei minus 273,16 Grad Celsius. Kälte hat die Erde oben und unten fest im Griff sowie weite Teile Alaskas, Kanadas, Grönlands, Skandinaviens, der Sowjetunion und vieler Inseln dazwischen. Könnte der Mensch lernen, mit der Kälte auszukommen, würde die Erde „weiter". Kälte hat mit dem Weltproblem Nr. 1 zu tun, der Energie.

„Niedrige Temperaturen sind kostspielig", weiß Konrad Gallei und ärgert sich: „Milliarden werden in die Wärme verpulvert."

Was nicht sein müßte, wenn der Mensch aufhören würde, mit der Kälte auf Kriegsfuß zu stehen. Vielleicht werden sich die ausgelaugten, erpreßten Industrienationen in einer bösen Zukunft kriegs- und rohstoffbedingter Völkerwanderungen aufmachen in die bisher für „unwirtlich" gehaltenen Regionen. Und dann wird mit absoluter Sicherheit der Mann schon da sein, den sie den Kühlen Konrad nennen…

Eine Orchidee im Dschungel ist keine Kunst, eine winzige Blüte in der Arktis eine enorme Leistung der Natur. Kalt ist nicht gleichbedeutend mit kahl. Die eisige Wüste lebt, man muß nur sein Auge schulen in den polaren Zonen, so wie uns das Walt

Disney am Beispiel der heißen Wüsten gezeigt hat. Wir Wärme-Lebewesen sehen in den Unter-Null-Landschaften nichts als ödes Weiß – Konrad Gallei *hört (sieht) sie bunt.*
„Kälte", behauptet er, „das sind vor allem Farben". Was uni wirkt auf den ersten Blick im gleißenden Schnee, wird später – wenn man sich eingewöhnt hat – angeblich zu Blau, Violett, Orange, Rosa, Leberfarben und Feuerrot. Denn das Licht bricht sich in Tausenden von Eiszacken und gefrorenen Kristallen.
Konrad Gallei hat sogar gelernt, nach Art der „Inuit", wie sich die Eskimos selbst nennen, an der Melodie des Windes Berge, Täler, Ebenen, Siedlungen und sich nähernde Menschen zu unterscheiden. Mit den „Wind-Bildern" verbinden sich bunte Vorstellungen, die für uns aber verlorengehen im Glanz der Sonne oder dem bleiernen Licht der Bevölkerung. Ihm berichtet der Wind die Farben. „Also höre ich sie", sagt er.
Als er mir das zu Hause in Berlin erzählte, habe ich ihn fassungslos angeschaut. Nachdem ich draußen war mit ihm in der Arktis, verstand ich Konrad Gallei besser. Vielleicht steckt dahinter eine ganz natürliche Sache, eine Eselsbrücke für die Phantasie: Denn die Phantasie arbeitet emsiger, wenn man im Dunkeln sitzt oder die Augen geschlossen hält. Oder ins kalte Nichts starrt. Vielleicht ist es aber auch so, daß ein kleines, aber kluges Gen zum Überleben für Unterhaltung sorgen muß, für Anhaltspunkte in einer Welt ohne Horizont, und geheime Schleusen öffnet zwischen Augen, Ohr und Hirn, damit wir den Wind verstehen und Farbabstufungen im Weiß sehen.
Die „Inuit" – die „Menschen", wie sie sich selbst nennen – haben für den Schnee 30 Namen, wir fünf. Der Schnee ist für sie auch das „Blut der Toten". Und seit ich das weiß, erkenne ich plötzlich zartes Rot in den schneeverwehten Wüsten.
Es ist erstaunlich, wie schnell man sich an Kälte gewöhnen und das Frieren wegtrainieren kann. Was dabei physiologisch passiert, weiß man noch nicht genau. Wird das Blut dickflüssiger? Sinkt die Körpertemperatur? Laufen die Hirnströme langsamer? Erwachen lebenslang verschüttete Instinkte?
Diese Fragen beschäftigen Professor Karl Kirsch von der Berliner FU. Er beobachtet Menschen in Extremsituationen, darunter den deutschen Astronauten Ulf Merbold und Konrad Gallei. Der schildert Kälte so: „Bei 60 Grad ist es wirklich arschkalt. Und zwar derart, daß man bei 40 Grad glaubt, der Frühling beginne, und im dünnen Wollpulli vor die Tür geht. Bei minus 20 Grad hackt man bereits in Hemdsärmeln Holz."
Der Schnee ist bei 60 Grad staubtrocken und fe-

derleicht. Bei 20 Grad fühlt er sich naß und schwer an. Was relativ ist, da wir in unseren Breiten Schnee bei minus zehn Grad so empfinden wie Konrad Gallei bei 60 Grad. Wir kennen eben die Leichtigkeit von Tiefkühlschnee nicht. Diese Täuschung unserer physiologischen Erfahrung ist nicht die einzige, die dem Geist zugemutet wird. Der Körper empfindet zum Beispiel schon mäßig warmen Tee bei 60 Grad unter Null als kochend heiß, und zwar so echt, daß man sich an ihm den Mund verbrennt. Man trinkt ihn lau. Komischerweise sind es die Finger, die am ehesten Polarluft vertragen. Was gut ist, denn so kommt man auch bei 61,5 Grad an den Auslöser der Kamera.

60 Grad minus – nur wenige Menschen haben das erlebt. Konrad Gallei verdeutlicht gewaltige Minus-Temperatur so: Wenn der Bullerofen in einer Hütte ausgeht, kühlt der Raum innerhalb von zehn Minuten von 30 Grad plus auf 25 Grad minus ab. Ein Unterschied von 55 Grad während zwei Zigarettenlängen. Bei 20 Grad unter Null heizt Gallei übrigens nicht, das ist ihm warm genug.

Wie unschuldig waren wir als Pennäler, wenn wir den Namen der Angebeteten in den Schnee pinkelten. Beim Pinkeln in der Arktis schlägt die Physik Purzelbäume: oben warmes Wasser, unten Graupelschauer. Der Traum, eine gefrorene Stange in der Landschaft stehenzulassen, klappt leider auch bei 60 Grad minus nicht, weil man keinen durchgehenden Strahl pinkelt, sondern Millionen winziger Tröpfchen – aus denen immer wieder Graupelschauer werden.

Das Schwierigste ist, endlich zu kapieren, daß man bereits mit offener Hose und fertigem Körperteil aus der Hütte treten muß, denn draußen kann längeres Fummeln zu Erfrierungen führen.

Konrad Gallei hat sich sein Leben lang planmäßig verfroren. Er bestreitet das natürlich, weil ihm angeblich in der Kälte wohler ist als manchem in der Wärme. Aber zumindest hat er das Überleben in der Kälte trainiert – von der Schneeburg im Hinterhof der Mietskaserne in Berlin-Tiergarten bis zur Kajakfahrt entlang der Ostküste Grönlands. Er ist dreimal quer durch Spitzbergen gelaufen und hat sich einschneien lassen auf der Hardangervidda in Norwegen, der mit 48 Grad minus kühlste Platz Europas.

„Versponnen“ hat die Mutter ihren Konrad genannt. Bei einer Meisterschaft im Hundeschlittenrennen wunderten sich die Zuschauer vor ein paar Jahren über einen jungen Mann, der haushoch führte und plötzlich auf den zweiten Platz zurückfiel. Es war Konrad Gallei, der leicht hätte gewinnen können, aber nicht mehr wollte. Er führte auch bei einem noch wichtigeren Rennen – und fuhr unter „ferner liefen“ ins Ziel.

„Plötzlich habe ich erkannt, was für ein Unsinn Hunderennen sind", sagt er. Und machte später nur noch mit, um sein Gespann den Rhythmus finden zu lassen, den sich die Tiere selber suchen müssen. Und in seinem Tempo hätte er es bis zum Nordpol und zurück geschafft, während die anderen im Rennen drauf und dran waren, ihre Hunde zu Tode zu hetzen. Heute hat Konrad Gallei 16 Tiere und fährt keine Rennen mehr. Die Wettbewerbe sind in seinen Augen nur „Befriedigung der menschlichen Eitelkeit auf Kosten edler Hunde".

Das mit seinen Hunden fing so an: Gemeinsam mit seinem Bruder Ekkehard durchquerte Konrad Gallei Nordwest-Spitzbergen auf Schneeschuhen. Das sind diese Treter, die aussehen wie fehlkonstruierte Tennisschläger. In Ny-Ålesund sah er vor einer Hütte angekettet Schlittenhunde. Seine Beziehung zu Hunden beschränkte sich bis dahin auf das gelegentliche Gassiführen des Pudels seiner Freundin. Aber dort in Spitzbergen erzählte ihm der Hüttenbesitzer, der Norweger Jens Angaard, eine faszinierende Geschichte:

Da war im Spätsommer 1969 ein Mann am Horizont aufgetaucht , der am 21. Februar 1968 (!) von Point Barrow in Alaska aufgebrochen war und am 6. April 1969 den Nordpol mit drei Gefährten und Schlittengespannen erreicht hatte. Die Hunde ließ er später in Spitzbergen zurück. Konrad Gallei kaufte sie aus Pietät und Neugier. Seine 16 Hunde sind Nachkommen dieser nordpol-erprobten Dauerrenner, die – als sie in Ny-Ålesund ankamen – 8000 Kilometer hinter sich hatten. Der Mann, der damals am Horizont aufgetaucht war, hieß übrigens Wally Herbert. Ein Forscher, dessen Name seitdem in jedem guten Lexikon steht.

Da gibt es den Begriff der „Entdeckermentalität". Was Kerle wie Hernando Cortez, Fridtjof Nansen, aber auch Reinhold Messner, fast als herzlose Gesellen erscheinen läßt, die in ihrer Leistung kaum noch menschliche Züge tragen, ist in letzter Konsequenz der Grundsatz, das Vorhaben über die Beteiligten zu stellen. Es ist, wenn man so will, der höchste Respekt vor der Erde, die sich mit Wenn und Aber nicht besiegen läßt.

Als Henry Morton Stanley zu seiner ersten Kongo-Expedition aufbrach, nahm er 356 Träger mit, von denen ganze 30 zurückkamen. Aber er hatte Afrika von Ost nach West durchquert. Heinrich Harer pflegte seine Begleiter vor Beginn einer Reise auf einen Tagebucheintrag des deutschen Forschers Karl von den Steinen hinzuweisen, der da lautet: „Nur noch 39,5 Grad Fieber, endlich kann ich weitermarschieren." Die kleinkarierte wirkende Pedanterie, mit der Thor Heyerdahl seine Meeresabenteuer organisiert, ist ebenso gefürchtet wie lebenserhaltend.

Konrad Gallei hat sie kopiert, als er seine wichtigsten Expeditionsregeln formulierte: „Nie Material eines anderen benützen, auch nicht leihweise. Immer nur das eigene, sonst ergeben sich unangenehme Reibungspunkte. Und nie etwas verlegen, was seinen festen Platz hat. Streichhölzer, zum Beispiel, die immer an der gleichen Stelle auf dem Tisch liegen müssen. Sie schnell zu finden, kann vor allem nachts Leben retten."

Für den Kühlen Konrad gibt es kein „Gibt's nicht". Auch „Geht nicht" hat er aus seinem Wortschatz gestrichen. „Wenn ich mich fragen würde, ob ich etwas kann", sagt er, „dann würde ich es nicht fertigbringen". Auch dieser Standpunkt gehört zur Entdeckermentalität. Wenn man will, geht eben alles, und wenn man sorgfältig sucht, gibt's auch alles.

So lernte Konrad Gallei einen Hundeschlitten zu fahren, den ein Laie keine zehn Meter weit bringt, zumindest nicht in die gewünschte Richtung. Und so fand er Motoröl, das bis 80 Grad unter Null flüssig bleibt.

Der Kühle Konrad stellt kühne Behauptungen auf. Etwa die, daß „alles technische Gerät bei extremen Temperaturen versagt", seine Leicas ausgenommen. Die miesesten Erfahrungen hat er mit „Bergsteigerausrüstung" gemacht. „Die taugt einfach nichts", erzählt er. „Selbst wenn Profis wie Reinhold Messner oder Gaston Rebuffat ihre Namen hergegeben haben." Da wird für seine Zwecke zu modisch gearbeitet und zu zart genäht. Wobei man wissen muß, daß reine Baumwolle – wie Konrad Gallei das ausdrückt – „bei minus 60 Grad bricht wie Papier".

Deshalb verläßt er sich nur noch auf sich selbst, auf seine Eskimos und auf die Tricks der Indianer, allerdings nur der Väter und Großväter. Denn die jüngeren Bewohner der Wildnis tragen so gerne die bunten Gummistiefel und knalligen Nylonanoraks, die er manchmal mitbringt, und die so unpraktisch sind. Er tauscht sie ein gegen die alten handgearbeiteten Sachen aus Tier- und Naturprodukten.

Kein Volk der Erde zählt so viele Brillenträger wie die Eskimos. Früher schnitzten sie sich Brettchen, stanzten zwei Schlitze heraus und setzten sie sich als Schutz vor dem grellen, reflektierten Licht auf die Nasen. Heute bevorzugen sie Sonnenbrillen und verderben sich die Augen. Und sie packen sich in Chemiefaser, die nicht atmet, beginnen zu schwitzen, frieren durch die ungewohnte Nässe am Körper und sterben an Lungenentzündung.

Konrad Gallei schwört auf Leder, weil es winddicht ist. „Sonst könnten es ja die Tiere nicht tragen", scherzt er. Und er liebt Pelz, auch wenn dafür ein Tier sterben mußte, weil dieses Material wie eine automatische Klimaanlage auf Temperaturschwankungen zwischen Außenluft und Körper reagiert. Folglich trägt er selbstgemachte Seehundjacken und -stiefel, die Kapuze verbrämt er gegen den Wind mit Wolfspelz. Es darf keine Knöpfe geben und keine Reißverschlüsse, und schon gar keine Gummizüge. Was er wegsteckt, ruht in offenen Innentaschen, die wie Beutel angenäht sind. Seine Naturausrüstung ist allerdings erheblich schwerer als Chemieprodukte, aber krisenfester.

Wenn der Kühle Konrad sich ärgert, schreibt er Briefe. „Sehr geehrte Herren, Ihren Anorak können Sie entweder verbrennen oder Spaziergängern im Grunwald anbieten ...", teilt er einem Expeditionsausrüster mit. Eine Firma, die Bergsteiger-Gerät herstellt, fragt er: „Können Sie sich vorstellen, bei 40 Grad unter Null, Windstärke 8 und einem metertief gefrorenen Boden ein Zelt wie das Ihre aufzustellen, das man an 15 Befestigungspunkten verankern muß?" Sie konnte nicht und nahm Konrad Gallei in ihre Tester-Riege auf. Da hat er das Konstruieren angefangen und ein Zelt entwickelt, das man an nur vier Punkten mit Ausrüstungsgegenständen stabilisiert, die Abenteurer dieses Schlages sowieso dabeihaben – die „Heringe" können sie vergessen.

Konrad Gallei ist auch von Taschenlampen abgekommen, „weil sie Kraft verbrauchen, die zuviel wiegt". Er verwendet Kerzen, die acht Stunden brennen, so daß er nicht mehr von unkontrollierbar leerer werdenden Batterien überrascht werden kann.

„Vorbereitung ist alles", sagt er. Thor Heyerdahl benötigt mindestens fünf Jahre pro Expeditionsplanung, Heinrich Harrer mindestens 18 Monate. Bei ihm sind es genau zwölf Monate, nach 15 Jahren Erfahrung. Denn seine Ausrüstung ist allmählich komplett und braucht nur noch aus dem Schrank gezogen zu werden.

Wenn man ihn in seinem Berliner Häuschen besucht, kommt man sich vor wie beim letzten König von Schweden, der Preise gewann für seine reizenden Handarbeiten. Der Kühle Konrad strickt Pullis, Socken und Handschuhe aus nicht entölter Wolle, die er aus Norwegen kommen läßt. Er näht Jacken und Hosen mit Sehnenschnur aus mundgekautem Seehundleder. Er bastelt arktisfeste Kamerabehälter, die Geschirre für die Hunde und auch die Knuten aus Bullenhaut, nachdem eine gelobte Peitsche sich beim Schnalzen unter arktischen Bedingungen zu Luft aufgelöst hatte.

Seit kurzem webt er auch dicke Lodenstoffe und hat sich Werkzeug gekauft, um Schuhe anzufertigen. Er glaubt den Krieg mit der Industrie verloren und macht sich jetzt alles selbst.

Seiten 110/111: Treibeis vor der Küste. Nachts um 24 Uhr waren wir noch auf dem Wasser, da das Treibeis ein Erreichen der Küste unmöglich machte. Unsere Gefühle waren von Angst beherrscht – was, wenn ein Eisbär mit einer Eisscholle direkt auf unser Boot zusteuert?
Seiten 114/115: Blick auf die Eismitte des Inlandeises.
Seiten 118 und 119: Unaufhörlich kalbten die Gletscher und entließen kunstvoll geformte Eisbrocken ins Meer.

Seite 121: Nur einen Kilometer vor der Küste war die Wasseroberfläche spiegelglatt.
Seiten 122/123: Der Fjord bei Ikateq ist ein ideales Gebiet für die Seehundsjagd.
Seiten 124 und 125: Auf Fotos täuscht die Eisidylle. Tatsächlich war die Luft eisig kalt, so daß die Finger blau gefroren und sich Eiskristalle auf der Bootshaut niederließen.
Seiten 126/127: Das Gegenstück zu Angmagsalik ist in Südgrönland die Ortschaft Nanortalik.
Seite 128: Die im Herbst zugefrorenen Fjorde tauen mittags durch die wärmenden Sonnenstrahlen auf und geben das Wasser für kurze Zeit für Kajaks frei.
Seite 129: Eisberge, wie dieser 60 Meter hohe Koloß, messen unter Wasser das Siebenfache.
Seiten 130/131: Die Insel Tingmiarmiut, unser unfreiwilliges Endziel Anfang Oktober.

Nicht einmal auf die großen Vorbilder kann man sich verlassen, lerne ich. Konrad Gallei mußte das erfahren, als er ihnen buchstabengetreu in die eisige Hölle folgte. „Nansen, Peary und die meisten anderen", sagt er, „schrieben nur, um Geld zu verdienen". Nicht um zu zeigen, wie es geht. Den ersten Mann am Südpol, Roald Amundsen aus Norwegen, nimmt er allerdings aus; der sei „erstklassig", von dem könne er heute noch lernen.

Es ist einfach, mit dem Kühlen Konrad in der Kälte auf Wochen hinaus ganze Abende zu verquatschen. Wenn man erst einmal gelernt hat, daß es nach Anbruch der Dunkelheit kaum etwas anderes zu tun gibt als reden. Bis auf das Eine vielleicht, aber das ist noch schwieriger zu erlernen in Leder, Pelz und vielen anderen Lagen Kälteschutz. Die Eskimos machen sich's da einfach, die ziehen sich gleich aus, wenn sie unter „Dach" sind – so gut haben sie sich akklimatisiert. Aber wir Weichlinge denken nur heiß und halten uns warm. So kalt ist uns . . .

Wer redet, lebt noch. Ich antworte – ergo sum. Das ist gut zu wissen bei 60 Grad minus und in der Dunkelheit. Und wer seinen Geist in Bewegung hält, dem fällt der Dachstuhl etwas später ein. Deshalb vermeidet es Konrad Gallei, längere Zeit alleine im Tiefkühlfach der Erde zu verbringen. Einsamkeit bedeutet Todesgefahr für den Frierenden, weil die Seele abschweift zum Koller und man ohne Diskussion die Gefahren zu unterschätzen beginnt. Bei zweien warnt immer einer.

Der Kühle Konrad hat deshalb die Kalte Gabriele geheiratet, die überallhin mitgeht. Wenn man dem Schmächtling mit der eisernen Energie lauscht, dann öffnet sich einem die verschlossene Welt der Polarkappen, Gletscherzonen und gefrorenen Landschaften nördlich des 60. Breitengrades. Der Sturm seiner Begeisterung drückt das Tor auf zum „unwirtlichen" Teil der Erde. Mit einem Mal klingt Grönland nach Madeira, die Kerguelen-Inseln rücken ins Mittelmeer, und man fragt sich, ob es nicht doch einen Badestrand am Südpol gibt.

Seitdem ich Konrad Gallei kenne, ist mir auch die Familie Fossum in Oslo ein Begriff. Sie besitzt das alleinige Wissen um die Kunst, Hundeschlitten für eine Tonne Last aus doppelt daumendicken Hölzern zu bauen – 1000 Kilo auf zwei dünnen Kufen. 4000 Mark kostet so ein 2,50 Meter langer Schlitten der Fossums, den selbst Konrad Gallei nicht richtig kopieren kann.

Schön, daß es noch Leute wie die Fossums gibt, die 15 000 Jahre Völkererfahrung und 100 Jahre Forschertradition in ihre Konstruktionen stecken.

Aber was, frage ich, wenn keine Fossums mehr leben, und weder kanadische Birke noch sibirische Eiche, noch Hickory von der Baffin-Bai und auch keine Fichten aus Karelien greifbar sind?

Da haben die Eis- und Schneemenschen irgendeine Haut genommen und sie mit toten Fischen gefüllt. Die Frauen stellten sich darüber und pinkelten den Sack so feucht, daß die Männer ihn vorne zu einer Kufe aufbiegen konnten, die in der Kälte sofort steif fror. Fertig war der Schlitten, der auf der Unterseite mit Moos und einer weiteren Portion Urin schnell gemacht wurde.

Mir gefällt diese Geschichte, die Konrad Gallei mit dampfendem Atem abends aus seinem Schlafsack heraus erzählt.

Der Kühle Konrad kann, wenn er drei Wochen lang hart und speziell trainiert hat, täglich 15 Stunden auf Schneeschuhen verbringen. Aber diese Zeit sagt nichts aus über die zurückgelegte Entfernung, denn an einem Tag schafft er *mit dem Wind* 20 Kilometer, *gegen den Wind* nur fünf. Oder gerade zehn Meter in der Minute.

Das ist nicht allein eine Frage der Kraft und Kondition. Das Geheimnis liegt im Anpassen des Atems – an den Schritt-Rhythmus. Jeder Marathonläufer kennt dieses Problem, darf aber nach Herzenslust schwitzen. Wer bei arktischen Temperaturen Wasser verliert, verkühlt sich, und die Kleidung verkraftet die Feuchtigkeit von innen nicht. Die Körperkräfte geraten in Gefahr, und damit das Leben.

In Fachkreisen nennt man das ein „Sibirisches Dilemma". Alles, nur das nicht, darf einem in den Polarzonen passieren. Mir erzählte einer von Konrad Galleis Eskimo-Freunden davon, der es einmal erlebt hatte. Bei einem anderen.

Ein Robbenjäger war in ein trügerisch verglastes Atemloch im Eis gerutscht. Bei 40 Grad unter Null. Er war nicht mal ganz untergetaucht, sondern schaute mit dem Kopf aus dem eisigen Wasser. Und wußte, daß er so gut wie tot war.

„Wieso?", fragte ich den Eskimo.

„Wenn er im Wasser blieb", antwortete er, „war der Mann innerhalb von 30 bis 40 Sekunden tot. Wenn er sich herauszog, was ihm nicht schwerfallen würde, wäre er binnen fünf Sekunden ein Eisblock."

Das ist das „Sibirische Dilemma".

Was der Mann getan habe, wollte ich wissen. Und der Eskimo antwortete: „Er blickte uns stumm an, kletterte aus dem Wasserloch und war steifgefroren, noch ehe er sich aufgerichtet hatte. Aber er wartete nicht einfach auf den Tod, er ging ihm entgegen. Es war *seine* Entscheidung, und das ist die Hauptsache am Sterben."

Fremde Mentalität.

Der Körper lernt das mit der Kälte schneller als der Kopf, denn er ist klüger als der denkende Mensch, der in seiner sterblichen Hülle steckt. Aber der Kopf ist störrisch, setzt sich kraft Gehirn

durch gegen den Körper. Und deshalb sind Zwischenfälle nie ganz zu vermeiden. Wenn einem zum Beispiel die Augen tränen in der Kälte oder im beißenden Rauch eines Feuers, weil man keine Schutzbrille trägt, dann friert die Feuchtigkeit auf den Augäpfeln. Man kann die Lider nicht mehr schließen, und das ist unangenehm.
Als wir eines Tages anspannen wollten, verhedderten sich die Hunde durch meine Dummheit. Um den metallenen Karabinerhaken zu öffnen, mußte Konrad Gallei ihn eisfrei hauchen. Da zappelte ein Hund, und der Haken pappte an Galleis Zunge. Der Berliner kniete am Boden, und die Tiere tobten um ihn herum, angeleint an seine Zunge. Eine miese Situation.
Es half nichts, nur durch Abreißen war der Haken freizubekommen. Das machte er, und ein Schwall Blut ergoß sich aus seinem Mund in den Schnee. Die Hunde wurden unruhig, frisches Fleisch ist ihre liebste Nahrung. Der Kühle Konrad rannte mit schmerzverzerrtem Gesicht in die Hütte.
Solche Verletzungen heilen überraschend schnell.

Aber trotzdem verwendet er bei extremen Minusgraden seitdem nur noch Karabinerhaken, die ihm Eskimos aus Knochen schnitzen.
Man erlebt den Körper intensiver in der Kälte. Reize gehen bis in die Nervenenden, die bei Hitze taub zu sein scheinen. Plötzlich stellt man beim Nachdenken fest, wie warme Temperaturen doch die Empfindsamkeit lähmen, so angenehm sie im Moment auch sein mögen. Vor der Hitze muß man in eine klimatisierte Kunstwelt flüchten, vor Kälte vermag man sich auch im Freien zu schützen. In der Hitze verläßt man Mutter Natur, in der Kälte nimmt man die Wärme in der Kleidung mit nach draußen und genießt die Natur.
So jedenfalls sieht das der Kühle Konrad, und ich muß ihm aus eigener Erfahrung recht geben: Signale des Kopfes werden vom Körper aufmerksamer empfangen, wenn es eisig kalt ist, Eindrücke der Physis häufiger zur Bearbeitung „nach oben" geschickt.

Nächtliches Licht im Vales-Fjord zwischen Kitermit und Pikiutdlek.

Dennoch bestreitet Konrad Gallei, daß sich der Körper physiologisch verändert. Außer daß man wesentlich mehr ißt, weil man „von innen" stärker heizen muß, und die merkwürdigsten Gelüste entwickelt, nicht unähnlich dem Heißhunger einer Schwangeren nach Essiggurken oder Himbeeren.
Bei uns waren es zuerst Süßigkeiten aller Art, dann Teesorten, die wir im Geiste brauten, daß uns das Wasser im Mund zusammenlief: Pfefferminz, Fenchel, Salbei und Kamille. Zu Hause in der Wärme würden wir so etwas nur im Krankheitsfalle anrühren, in der Arktis kann selbst ein Apotheker-Aufguß zur Manie werden. Aber das kommt nicht von ungefähr, sondern von der generell schwierigen Versorgungslage: Die Auswahl ist minimal, körperliche Behinderung zwingt zu radikaler Rationalisierung. Und was es schließlich zu essen gibt, sieht ganz anders aus.
Gallei bäckt, zum Beispiel, alles zweimal um auch die letzte Feuchtigkeit herauszubekommen. Nur so ist gewährleistet, daß die Nahrung nicht zum Eisklumpen wird, der nie mehr ganz auftaut. Immerhin waren Zitronen, die wir vor die Hütte legten, innerhalb von drei Minuten „tiefgeschockt". Die Eier unserer Hühner gefroren sofort zur „Tiefkühlkost live".
Auch Spezialnahrung, wie sie von Fachausrüstern für Extremtouren angeboten wird, hilft da nicht weiter. „Blödsinn" nennt Konrad Gallei sie und „auf Dauer sogar gesundheitsschädlich". Er bäckt lieber seinen Spezialkuchen aus Nüssen und Körnern, der zwar zweimal in die Röhre muß, aber dennoch – gewußt wie – beißzart bleibt. Anders bekäme man ihn auch nicht klein zwischen den klammen Kiefern. Diese Kuchen bilden die Basis des arktischen Speiseplanes. Er packt sie gleich kofferweise ein, wenn er auf Tour geht.
„Einen leichten Knall bekommt man in der Kälte wohl doch", gibt er zu. Seine Hausärztin kann sich das merkwürdige Wesen des Kühlen Konrad auch nur so erklären, daß er in einem früheren Leben mal Eskimo war.
Das würde ihn freuen, denn die langen Jahre in der totalen Einsamkeit – umgeben von menschenfeindlichen Elementen – lassen ihn an die Vorstellung glauben, die die Eskimos vom Leben nach dem Tod haben: daß jeder Mensch in irgendeiner Weise weiterexistiert. Also kann dieser Konrad Gallei durchaus früher mal Eskimo gewesen sein. Schließlich behauptet das der togolesische Polarforscher Tété-Michel Kpomassie von sich ebenfalls.
Der Kühle Konrad – ein tiefgekühlter Mystiker.

Seiten 138/139: Winter in Nanortalik.

Rückkehr ins ewige Eis

Ein paar Monate nach der Kajakfahrt mit seiner Frau mußte Konrad Gallei zurück nach Grönland – auf der Suche nach einem verschollenen Berliner Paar. Sein Partner war diesmal sein Bruder Ekkehard. Aber die Expedition blieb ohne Ergebnis, trotz dramatischen Einsatzes konnten sie die beiden nicht finden.

„Unser Gepäck ist komplett, das Boot ist gepackt, in wenigen Minuten geht es los."

Das haben der beurlaubte Naturkundelehrer Peter W. (damals 43) und seine Lebensgefährtin, die 38jährige Computersekretärin Brigitte U., einem Berliner Freund auf einer Postkarte geschrieben. Sie stammt von einem Flughafen, der 60 Kilometer vor der Westküste Grönlands liegt und wurde an einem 22. Juni frankiert.

Diese Karte mit elf Zeilen und 67 Worten ist alles, was den Verwandten und Freunden geblieben ist von dem Paar, das seit Jahren in einer bescheidenen Einzimmer-Wohnung zusammenlebte – und jetzt im ewigen Eis von Grönland gemeinsam starb.

Denn spätestens am 8. August hätten sie nach der Durchquerung der größten Insel der Welt zurück sein müssen an der Ostküste. Am 24. September fanden Jäger unter einem Steinhaufen an der Küste bei Sofiashavn einen fast unleserlich hingekritzelten Brief auf kariertem Papier: „Bitte, startet keine Suchaktion, wenn wir nicht ankommen. Wir sind gut vorbereitete Bergsteiger und glauben das Risiko zu kennen."

Zu diesem Zeitpunkt dürften Peter W. und Brigitte U. bereits tot gewesen sein. Erfroren und zugeweht von Schneestürmen, 40 Grad unter Null und Windstärke 12.

Die beiden waren unzertrennlich und unbelehrbar – es zog sie hinaus in die Berge mit dem Seil und auf Meere und Flüsse mit dem Faltboot. In Grönland waren sie schon 1981 gewesen, und nur mit knapper Not davongekommen. Ebenfalls in Sofiashavn. Damals waren sie 60 Kilometer durch die weiße Wüste marschiert, den vollbeladenen Schlitten an Seilen hinter sich herziehend. Die Nasen waren ihnen bereits gefroren, an den Zehen platzten vor Kälte Blasen auf. Brigitte U. trug Bergschuhe mit Plastiksohlen, die bei minus 40 Grad einfach vom Oberleder fallen. Sie hatte ihn angefleht: „Bitte, laß uns umkehren" – und da schleppten sie sich zurück zur Küste, verloren fast ihre gesamte Ausrüstung und mußten ärztlich versorgt werden. Aber das Fernweh packte sie wieder. „Wir werden es erneut versuchen, es muß zu schaffen sein", sagte Peter W. und Brigitte U. stimmte zu. Knapp zwei Jahre später waren sie wieder im Eis. Und blieben...

Was sich in der Einsamkeit der bitterkalten Schneewüste Grönlands abgespielt haben muß, zeigt ein Satz von der letzten Postkarte, der eigentlich recht harmlos klingt, in Grönland jedoch das Todesurteil bedeutet haben könnte:
„Das Wetter ist scheußlich, unsere Sachen sind jetzt schon reichlich naß..."
Sechs Tage später war der grönländische Polizist Klaus Larsen der letzte, der Peter W., der aus Innsbruck stammte, und die Berlinerin Brigitte U. lebend sah. „Da hatten sie ihre gesamte Ausrüstung noch, waren verfroren, aber eigentlich recht guter Dinge."
Larsen fragte sie nach ihrer Reiseroute und erfuhr, daß sie mit dem Kajak auf einer verbotenen Strekke fahren wollten. „Viel zu gefährlich", sagte der Polizist, „haben Sie denn eine Genehmigung?" Da gestanden die beiden, daß sie „illegal" unterwegs waren.
Larsen machte Meldung, aber da waren die beiden bereits verschwunden. Später erklärte die Deutsche Botschaft in Kopenhagen den Verwandten, warum Peter W. und Brigitte U. ohne Genehmigung losmarschiert waren – weil das Grönlandministerium, um etwaige Rettungsaktionen finanziell abzusichern, eine sehr teure Versicherung verlangt. Ungefähr 8000 Mark pro Person. Die wollten die Berliner sparen.
Es kam dennoch zu einem Bergungsunternehmen, das am 22. September begann, am 25. Oktober erfolglos abgebrochen wurde und 60 000 Mark kostete, die von Verwandten und Freunden der beiden innerhalb von zwei Tagen gesammelt wurden. Die beiden Galleis und der dänische Pilot Johannsen suchten dabei 50 000 Quadratkilometer im Flugzeug und mit Hundeschlitten ab, dann war klar – Weiland und seine Lebensgefährtin konnten nicht mehr am Leben sein, ihre Leichen mußten unter dem weißen Totentuch der Polarzone liegen. Später urteilte das Grönlandministerium in Kopenhagen: „Die beiden hatten eine Selbstmordtour durch das Inlandeis geplant." Und Konrad Gallei sagte, ehe er Einzelheiten seiner Rettungsaktion schildert: „Sie hatten sogar drei Packungen Antibabypillen und einen Nachttopf mitgenommen. Aber an Notraketen oder ein Funkgerät hatten sie nicht gedacht."

*

„Weiter runter, los!", brüllt Konrad Gallei und stößt den Piloten der zweimotorigen Maschine an. „Drossel die Maschine, wir sind zu schnell, so seh' ich nichts!"
Die „Beachcraft Baron" ist mit einem Spezialspray gegen Vereisung geschützt und taumelt mit knapp 100 Kilometern pro Stunde von einer Eisspalte zur

anderen. Manchmal fliegt sie nur 20 Meter hoch über der Schneewüste und das Außenthermometer zeigt 41 Grad unter Null an.
In seiner Jacke aus Seehundsfell trägt Konrad Gallei eine rote Flagge. Er hat eine Nachricht hineingewickelt: „Rührt Euch nicht vom Fleck, wir kommen wieder! Wir brauchen zum Landen ein Flugzeug mit Kufen."
Diese Botschaft und einen Sack Proviant wollen die Gebrüder Gallei abwerfen, wenn sie die Spur von Peter W. und Brigitte U. entdeckt haben.
Nur eine Woche Zeit hatten die Retter gehabt, um für diese Expedition zu packen und Verpflegung zu finden, die bis minus 50 Grad eßbar bleibt. Inzwischen war in Grönland eine Nachricht des Lehrers und der Sekretärin unter einem Stein entdeckt worden, die folgenden ahnungsschweren Satz enthielt:

„... es wird sehr schwer sein uns zu finden, wenn wir nicht am Zielpunkt ankommen sollten!"
Aber auch die Retter steckten in Schwierigkeiten. „Als wir in der Sofiabucht, in der die beiden zum letzten Mal lebend gesehen worden waren, einheimische Jäger, Trapper und Siedler mit ihren Schlittengespannen anheuern wollten", berichtete Konrad Gallei später, „winkten die ab – viel zu gefährlich".
Aber die Galleis gaben nicht auf. „Jede Stunde war kostbar, wir mußten alles versuchen, um Peter W. und seine Freundin rauszuholen." Endlich fanden sie einen unerschrockenen Piloten und einen Jäger mit einem Schlitten und Hunden.
Kälte, Sturm, Treibeis. Und Bären. Ekkehard Gallei: „Zum ersten Mal in unserem Leben mußten wir uns bewaffnen." Immer wieder drangen die Retter bei minus 30 Grad mit dem Schlitten und auf Schneeschuhen ins Eis des Nordenskjøld-Gletschers vor, den Peter und seine Brigitte Anfang Juli hatten besteigen wollen. Keine leichte Sache, denn im Herbst geht auf Grönland der Winter zu Ende, die Spalten im Eis öffnen sich 100 und mehr Meter tief und die Sonne wird vom Schnee so gleißend widergespiegelt, daß sich die Augen entzünden.
Der Pilot Hans Johannsen: „Unsere Chance war von Anfang an nur ein Tausendstel." Konrad Gallei: „Wir sind Stunde um Stunde draußen gewesen, und Johannsen flog nur dann nicht, wenn der Sturm einfach zu stark blies." Aber sie entdeckten nichts in dem Gebiet von der Größe Baden-Württembergs und Hessens zusammengenommen – keinen Menschen, kein Tier, keine Pflanze.
Am 15. Juni waren Peter W. und Brigitte U. aufgebrochen, ihre letzte Nachricht wurde am 24. September gefunden. Da waren die Galleis bereits un-

terwegs. Sie suchten bis zum 25. Oktober und trafen am 27. Oktober wieder in Berlin ein – erschöpft, traurig und ratlos: wie die schreckliche, fast endgültige Nachricht den Verwandten beibringen, den Freunden, die 60 000 Mark aufgebracht hatten, der geschiedenen Frau von Peter W. und – vor allem – seiner Tochter?
Sie alle versammelten sich eines Abends im kleinen Haus von Gabriele und Konrad Gallei und er sagte: „Wir haben alles versucht, die beiden aber nicht gefunden. Aber sie können nicht mehr am Leben sein, begreift das, bitte!"
Es war in diesem Moment, daß ein Freund der Verschollenen jene Postkarte noch einmal herausholte, die am 22. Juni in Grönland aufgegeben worden war und lange nach dem wahrscheinlichen Tod der Absender in Berlin eintraf. Da hatten die beiden schon geahnt, was auf sie zukam. „Viel Treibeis in den Buchten", las der Freund vor.
Aber Konrad Gallei weiß, daß nicht das Treibeis in den Buchten schuld gewesen sein dürfte am Tod der beiden Deutschen. Wahrscheinlich sind sie von einer Gletscherspalte verschluckt worden und das heißt, daß man sie wohl nie mehr finden wird.

Fototechnische Hinweise

Rauhe Naturgewalten und extreme Witterung – das sind die Faktoren, die meine Expeditionen in arktische Gebiete entscheidend prägen. An ihnen habe ich mich zu orientieren.
Daher begleiten mich auf meinen Reisen nur ausgesuchte Materialien und ausgewählte Personen. Bei einem extremen Abenteuer ist eine dauerhafte, gute Zusammenarbeit zwischen meinen Partnern und mir lebenswichtig. Als Team wiederum müssen wir uns darauf verlassen können, daß das ausgesuchte Material den extremen Bedingungen während der gesamten Expedition standhält.
Die Entscheidung über die Kombination von Filmmaterial und Kameraausrüstung ist für mich unter diesen Gesichtspunkten von besonderer Bedeutung und wird von mir immer wieder neu überdacht.
Für mich persönlich hat sich die LEICA R 4 als die geeignetste Kamera erwiesen, die ich vor allem mit den Optiken Elmarit-R (1:2,8/19), Summicron-R (1:2/35), Summilux-R (1:1,4/50), Summilux-R (1:1,4/80), Elmarit-R (1:2,8/135) und Telyt-R (1:4/250) einsetze.
Bei vielen Fotos habe ich mit einem Circularpolfilter gearbeitet. Ein 105-mm-Polfilter, der mittels eines übergestülpten Adapterringes aufgeschraubt wird, hat sich beim Elmarit-R 19 mm als sehr wirkungsvoll erwiesen, obwohl sich die Polarisation nur über einen Teil des Bildes erstrecken kann. Den Adapterring fertigte mir die Firma Heliopan Martin Summer, Gräfelfing bei München. Sie stellte mir auch den passenden Circularpolfilter.
Alle meine Fotos sind ohne tricktechnische Filter hergestellt. Mich interessiert nur das vorhandene Licht und die damit verbundenen Farben. Einer Verfälschung des mit dem Auge gesehenen Bildes bedarf es meiner Meinung nach nicht, da das Farbspiel der Natur ohnehin fesselnd genug ist.
Als Filmmaterial verwende ich je nach Lichtintensität den Ektachrome Professional 64 ASA oder 200 ASA.
Bei sehr schwachen Lichtverhältnissen und starkem Wind arbeite ich mit dem GITZO-Reporter Compact-Stativ. Dieses Universal-Stativ ist stabil und dabei doch leicht sowie extrem ausziehbar. Es verfügt über eine Mittelsäule, die Schenkel lassen sich einzeln auf verschiedene Spreizwinkel einstellen. Dadurch können Bodenunebenheiten ausgeglichen werden, die Kamera erhält einen festen, sicheren Stand.
Auf der Suche nach einem wasser- und staubdichten Transportkoffer mit gutem Schlagschutz, in dem meine gesamte Ausrüstung Platz findet, habe ich den TROPICANA von RIMOWA entdeckt. Schutz vor Wasser, Staub und Röntgenstrahlen während der Flugtransporte bietet meinen Filmen die ARX-Box von Posso. Jeweils drei Filme sind in einer Box vor Belichtung oder Strahlung geschützt. Das gibt mir ein ruhiges Gefühl. Wer sitzt schon gerne nach einer Reise enttäuscht am Leuchttisch vor zerstörten Fotos?

Inhalt

CIP-Kurztitelaufnahme der deutschen Bibliothek

Gallei, Konrad:
Ost-Grönland: Kajakreise in d. Land d. Menschen / Konrad Gallei; Axel Thorer. – Karlsruhe: Badenia Verlag, 1987.
(Abenteuer heute)
ISBN 3-7617-0241-8
NE: Thorer, Axel:

Titelfoto: Konrad Gallei
Das Bild zeigt die „Mainstreet“ des heutigen Angmagsalik, der Hauptstadt Ostgrönlands.

Vorsatz: Der dänische Marineoffizier Gustav Holm im Jahre 1884 mit seiner 50köpfigen Mannschaft im Treibeis vor Ostgrönland – Anregung für unsere Kajakreise 1978.
Nachsatz: Leben mit dem Eis – eine Inuitfamilie vor noch knapp fünfzig Jahren.

Herstellung:
Badenia Verlag und Druckerei GmbH, Karlsruhe
Text: Axel Thorer
Grundlage des Buches bilden unter anderem Tonbandtagebuchaufzeichnungen von Konrad Gallei und Gabriele Kohler.
Alle Kartenzeichnungen Gabriele Kohler.
Alle Fotos Konrad Gallei, mit Ausnahme der Seiten 9, 14 links, 23 rechts und 49 rechts oben Gabriele Kohler.
Seiten 94 und 95 Königliche Kartensammlung Bibliothek Kopenhagen und Nationalmuseum und Arktisches Institut in Kopenhagen.
Bildunterschriften und fototechnische Hinweise: Konrad Gallei/ gaby hermsdorf.

Gestaltung: Werner Münkel, Karlsruhe.

Printed in the Federal Republic of Germany.

ISBN 3 7617 0241 8